# 天狗にさらわれた少年
# 抄訳仙境異聞

平田篤胤
今井秀和＝訳・解説

# 目次

# はじめに

江戸《えど》後期の文政《ぶんせい》年間（一八一八―一八三〇）に、天狗《てんぐ》や山人《さんじん》が棲《す》むという仙境（この世とは異なる世界）と、江戸とを行き来できるという少年が現れました。少年は、常陸国《ひたち》（現在の茨城県）の山々の中に、その不思議な世界があるというのです。

少年の名前を寅吉《とらきち》といいます。寅吉の語る内容から、周囲の大人たちは彼のことを「天狗小僧」や「仙童」などと呼んでいました。

師匠や兄弟子たちとともに、山々での修行に励んでいたという寅吉は、天狗や山人と呼ばれるものたちの生活や彼らが行う不思議な術、仙境の生き物や食べ物、彼《か》の地にいるという妖怪《ようかい》等々、様々な情報について、事細かに話すことができました。

面白いことに、江戸幕府の役人など高い地位にある人たちも含めて、当時の知識人たちの多くが、この少年が訪れたという仙境に興味を持ち、繰り返し話を聞いていました。

中でも国学者の平田《ひらた》篤胤《あつたね》は自分の家に寅吉を住まわせ、弟子にして聞き取り調査を続け『仙境異聞』という書物を書き残しました。篤胤は仙境の実在を信じており、そ

『仙境異聞　上』
(国立歴史民俗博物館蔵)

の世界の情報が、自分の追求する学問とも深く関わってくると考えていました。そのため、必死で仙境の様子を知ろうとしていたのです。

ただし篤胤は、自分が直接、常陸国の山々にある仙境に行けるとは考えていなかったようです。あくまでも「杉山《すぎやま》僧正」と名乗る仙境の師匠に見出《みいだ》された寅吉だからこそ、仙境なる異世界とこの世とを行き来できるのだと考えていたのかもしれません。

現代の知識を持った上で冷静に眺めてみれば、寅吉の語る内容は荒唐無稽《むけい》なものだと言えます。ただし寅吉の語る情報には、当時の知識人たちが驚くほどの自然科学の知識、また空気銃やオルゴールなどの器械をめぐる最先端の知識も含まれていました。

おそらく寅吉は、常陸国の山で修行をともにしていたという人々や、江戸の知識人たちとの交流を通して、広範にわたる知識を手にしていたものと思われます。

『仙境異聞』を読むと寅吉の知識が、神道・仏教、医薬・呪術《じゅじゅつ》、天文暦法、民間宗教、在地伝承、実在・架空の様々な動植物、最先端の器械や海外事情等々、実に多岐にわたるもので構成されていたことが窺《うかが》えます。それらを彼なりの世界観や想像力に基づいて再構築し、具体的な「仙境」イメージを創り出していたのでしょう。

江戸の知識人たちは、自分たちの知識が寅吉によって再利用されていることには気づかず、彼の創り出すその世界の見事さに魅了されてしまったのです。

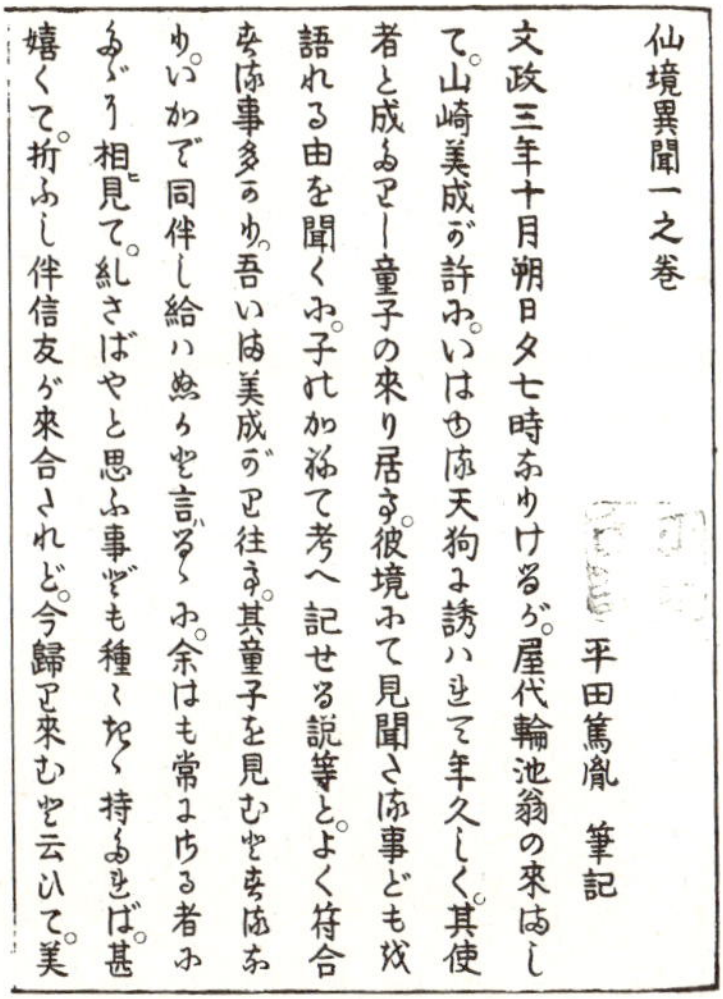
仙境異聞一之巻

平田篤胤　筆記

文政三年十月朔日夕七時なりけるが。屋代輪池翁の来まして。山崎美成が許に。いはゆる天狗に誘はれて年久しく。其使者と成りし童子の来り居て。彼境にて見聞きし事ども数語れる由を聞くに。予かねて考へ記せる説等と。よく符合せる事多かるを。吾いま美成が宅に往て。其童子を見むとするなるを。いかで同伴し給はぬかと言るゝに。余はも常にさる者にあはゞ相見て。糺さばやと思ふ事ども種々なれば。持るれば。甚嬉くて。折ふし伴信友が来合されど。今帰り来むと云ひて。美

『仙境異聞　上』（同右）
最初の頁

こうした成立背景を持つ『仙境異聞』ですので、その内容を真正面から信じるわけにはいきません。しかしながら寅吉の語る内容には、他の資料に記された当時の文化・習俗などと類似しているものも多くあります。そしてまた寅吉の語る話には、当時、彼が直接見聞きした現実の情報も少なからず混在してい

るようなのです。

このように、平田篤胤が寅吉から聞き取った内容をまとめて書いた『仙境異聞』は、現代人にとってもなお、虚構と現実の境目を曖昧《あいまい》にさせる力を持つ、実に魅力的な書物だと言えます。

本書ではその『仙境異聞』の中から、読み物としても充分に面白い部分を抜き出して現代語に訳し、また必要に応じて人名や難解な語句などに注を施しました。ただし、本書で扱わなかった部分も、いずれも興味深いものです。寅吉や仙境に興味を持った方は、ぜひ原文の読解にも挑戦してみて下さい。

訳に際しては原文に忠実となるよう心がけましたが、古典に馴染《なじ》みの薄い初学者に配慮して意訳している部分もあります。出典を逐一明記できませんでしたが、注にはなるべく、近年の様々な分野の研究によって明らかになった点も盛り込むようにしました。

現代語訳の作成にあたっては、『平田篤胤全集』第八巻、内外書籍、一九三三年所収「仙境異聞」上、下（仙童寅吉物語）を底本としました。また、訳および注の作成にあたり、訳注者所蔵の写本『仙童寅吉物語』二巻、『神童憑談畧記《りやくき》』一巻を参照したほか、とくに以下の書籍を参考にさせて頂きました。

子安宣邦校注『仙境異聞・勝五郎再生記聞』岩波文庫、二〇〇〇年。

山本博現代語訳『完訳　仙境異聞』八幡書店、二〇〇三年。

図版の引用に際しては、内外書籍版全集の底本である平田家蔵本を使用しました。使用を許諾して下さった国立歴史民俗博物館のご厚意に感謝申し上げます。

# 『仙境異聞』　上

# 天狗小僧の噂

　文政三年（一八二〇）、十月一日の夕七つ時（午後四時頃）のことだった。私（平田篤胤[1]）のところに屋《や》代《しろ》弘賢《ひろかた》[2]翁が訪ねてきて、次のようにおっしゃった。

「山崎美成《やまざきよししげ》[3]の許《もと》に、いわゆる天狗《てんぐ》に誘われた後にだいぶ年月が経ち、天狗の使者となっている童子が来ているそうです。その子が彼《か》の境（――訳者注。この世ではない場所。仙境）にて見聞きした事を語った由を人から聞くに、あなた（篤胤）がかねてから考え、また文章に記している説などと、よくよく合致する事が多い。私は今、美成のところに行って、その童子を見ようとするところです。ついてはご一緒なさいませんか」

　私は常々、このような者（――訳者注。彼の境の様子を知る者）に直接会って色々なことを問いただしたいと思っていた。そのため非常に嬉《うれ》しくて、ちょうど伴信友《ばんのぶとも》[4]が訪ねて来ていたところではあったが、「すぐに戻るから」と言い置いて、美成の許へ、屋代翁と連れ立って出かけたのである。

山崎美成というのは長崎屋新兵衛という薬種商で、かつて私の許で学んだ後は小山田与清《おやまだともきよ》[5]に従い、今は屋代翁の許で学んでいる、幅広い読書を好む男である。家は下谷《したや》の長者町《ちょうじやまち》（現在の東京都台東区《たいとうく》上野《うえの》界隈《かいわい》）にあり、私が今住んでいる湯島天神《ゆしまてんじん》の男坂下（現在の東京都文京区湯島天神男坂下界隈）という所からは、七、八町（約七六〇—八七〇メートル）ばかりもあろうか。屋代翁の家と、美成の家とは、四、五町（約四四〇—五五〇メートル）ばかり離れている。

さて、私は美成の家を目指す道すがら、屋代翁に次のようなことを言った。「神誘い[6]になった者は、その言葉がおぼろおぼろとしていて確かでなく、ことに彼の境のことに関しては、隠し包んではっきりとは言わないものです。その童子はいかがなのでしょうか」

すると屋代翁は、「たいてい、世間で聞くことのある神誘いの者はそのようなものですが、その童子は包み隠さずに語るそうです。すでに蜷川《にながわ》家[7]へ行った時には、遠い西の果てにある国々にも行き、迦陵頻伽《かりょうびんが》[8]さえも見たことがあると言って、その声も真似て聞かせたと美成が語っていました。近頃、ある所で、彼の境に誘われた者が、その様子を隠すことなく語っていたと聞きました。昔は彼の境のことが世間に漏れることを忌んでいたが、近ごろは、彼の境のことを少しも包み隠さぬようになったものと思われます。くわしく訊《たず》ねて、忘れずに筆記なされるように」と、繰り返し繰り返しおっしゃった。

私もうなずき、また心に次のようなことを思った。

昔は厳重に秘されていた現世の様子についての書物や事物であっても、今は世に明らかになっていることが多い。知ることの難しかった神世の道の隅々までも、次第次第に明らかになり、諸外国[9]の事物、種々の道具などについても、年を追って世に知られることとなってきた。

そうしたことを思うに、これは皆、神の御心であって、彼の境のことまでも聞き知るべきである。いわゆる機運が巡り来たのだろうか、などと思い続けていたところ、間もなく美成の許に到着した。

---

1 平田篤胤　一七七六―一八四三。平田大角とも。本書（『仙境異聞』）の著者である国学者・神道家・医者。出羽久保田藩（現在の秋田県）出身で、二十歳の時に国許を出奔して江戸へ出た。夢を通じて本居宣長没後の門人となったことを自認し、日本の神々や、幽冥界の探究に心血を注ぐ。

2　屋代弘賢　一七五八―一八四一。号は輪池。屋代太郎とも。江戸幕府御家人（右筆）、国学者。塙保己一（はなわほきいち）に師事し、『群書類従』編纂・校訂に従事。

3　山崎美成　一七九六―一八五六。号は好問堂。新兵衛、久作とも。国学者の小山田与清に師事し、考証随筆を多く著す。江戸下谷の薬種商、長崎屋に生まれたが、学問に熱心なあまり家業を潰した。

4　伴信友　一七七三―一八四六。若狭国小浜藩（現在の福井県）出身。号は事負。州五郎とも。本居宣長没後の門人で、宣長の養子である本居大平に国学を学ぶ。篤胤とは当時、親しく行き来していたが、寅吉の一件については距離を置いていたようである。

5　小山田与清　一七八三―一八四七。高田与清。字は文儒、号は松屋、擁書倉など。寅之助、仁右衛門とも。武蔵国多摩郡小山田村（現在の東京都）出身。国学者。擁書楼と名付けた私設書庫の蔵書を国学者の閲覧に供した。

6　神誘い　神隠し、天狗隠しとも。山などの神域に入った者が忽然と姿を隠すこと。

7　蜷川家　不詳。有職故実の学に長じた幕府御小姓組番士、蜷川親常（一七六八―？）の家を指すか。

8　迦陵頻伽　仏教語。人頭鳥身で美しい声で鳴くという想像上の生き物。『阿弥陀経』では極楽浄土に棲むとされる。

9　諸外国　原文「外国々」（とつくにぐに）。江戸後期の知識人は文化・外交の側面から海外の国々を強く意識するようになっていた。幕府の役人だけでなく戯作者の曲亭馬琴なども海防政策に強い興味を持ち、また平田篤胤は『聖書』を含む西洋の神話知識を貪欲に吸収していた。江戸後期知識人の「仙境」への関心は、諸外国への関心とも関わりあっている。

# 篤胤、寅吉に会う

山崎の家に着くと、ちょうどよいことに主人の美成がいて、かの童子を呼び出し、屋代翁と私とに見せてくれた。しかし、かの童子はと言えば、二人の顔をよくよく打ち眺めるだけで、お辞儀をしようともしなかった。傍らにいた美成が「お辞儀をしなさい」と言ったところ、たいへんおぼつかない様子でお辞儀をした。

憎らしさのない、いたって普通の様子に見える童子であったが、年齢は十五歳[10]と言いつつ、十三歳くらいに見えた。その眼は人相家[11]がいうところの「下三白[12]」という眼であり、通常よりも大きく、いわゆる「眼光、人を射る[13]」というような光があって、顔立ち全てが異相であった。脈を診て、腹も診たところ、小腹は締まっていて力があり、脈は三関[14]のうち寸口《すんこう》[15]の脈が非情に細く、六、七歳の童子の脈に似ていた。

この童子は、江戸下谷七軒町《しちけんちょう》（現在の東京都台東区元浅草《もとあさくさ》一丁目界隈）の、越中屋与惣次郎[16]という者の次男で、名を寅吉という。文化三年（一八〇六）寅年の十二月晦日《みそか》の朝、七つ時（寅の刻。午前四時頃）に生まれたのだが、その年も日も刻も寅であったが故に、そう名付けたのだという。

父は今から三年前にこの世を去っている。その後は、寅吉の兄である荘吉――今年十八歳である――が、少しの商いをして、母と幼い弟妹などを養い、つつましやかに生計を立てているという。


寅吉の親や兄弟などのことは、のちに私が自分でその家を訪ねて記したものである。また、寅吉の母の言うことを聞くに、寅吉が五、六歳の頃から、時々、まだ起きていないことに関して何かを言うことがあったそうである。

それは文化□年□月（――訳者注。年月不詳）、下谷広小路に火事の起きる前日のことだった。寅吉が自宅の屋根の上に登って、「広小路が火事だ」と言った。

しかし、人々が見ても何のこともないので、なぜそんなことを言うのだと訊ねたところ、「あんなに火が燃えているのが皆には見えないのか、早く逃げなくては」と言うのだった。人々は寅吉がおかしくなったと考えたが、はたして翌日の夜、広小路が大火事になったのである。

またある時、父に向かって、「明日は怪我をするだろうから、用心しなければ」と言ったが、父は聞く耳を持たなかった。すると、大きな怪我を負うことになったという。また別の時には、「今夜必ず盗人《ぬすっと》が入るに違いない」と言うので、そういうことを言うものではないと父が叱って制したところ、盗人が入ったということがあった。

さらに、いまだ自分で立つことも出来ずに這《は》い回っていた頃のことを覚えていて、その頃のことを語り出すことも時々あった。寅吉は生まれつきの癇性《かんしょう》で、幼少の頃は顔色が青ざめていて常に腹を下しており、夜尿もあったので、うまく成長できないのではないかとも思われた。荷車に轢《ひ》かれて怪我をしたこともあったが、喧嘩《けんか》をしない良い子で、今年、旅から帰って来て以降は、非常に丈夫になったと母は語った。

いまだ起きていないことを知っているのが奇妙であり、のちに寅吉へ、どうやってそうしたことを知るのか訊ねた。すると、広小路が火事になった時には、その前日に家の屋根から見ていたところ、翌日火事になるあたりに、炎が上がっているように見えたので、そう告げたと言った。

父の怪我や、盗人の入ることを知った時などは、何やら耳のあたりで「ざわざわ」音がするように思うと、その中にどこからともなく、「明日は親父が怪我をするだろう」「今夜は盗人が入るだろう」といった声が混ざって聞こえてきたのだ、そしてすぐさま、知らぬ内にその言葉と同じようなことを口に出していたのだ、と言った。

10 十五歳　満年齢ではなく、数えの年齢。数え年とは、生まれた時点で一歳であり、生後最初の正月を迎えると二歳になる、前近代の日本において一般的な年齢の数え方。

11 人相家　人の容貌に含まれる特徴（人相）を見て占いを行う者。

12 下三白　三白眼（さんぱくがん）、下三白眼とも。黒目の位置が上方に偏り、黒目の左右と下部に白目が見えている状態の眼。常に人を睨んでいるようにも見え、人相学においては凶相とされた。

13 眼光、人を射る　目つきが鋭く、あたかも人を射るようであること。眼光が鋭いこと。

14 三関　漢方（中国医学）の脈診における、指の脈。脈の分かり辛い小児の診察に使われる。「虎口三関の脈」といい、男児の場合は人差し指の腹の色を診る。

15 寸口　漢方（中国医学）の脈診における、手首の脈。

16 寅吉の実父に当たる。

# 寅吉、篤胤を神様と呼ぶ

さて、寅吉は私の顔をつくづく見つつ微笑んでいたのだが、我慢できなくなった様子で、「あなたは神様なり」と繰り返し言った。

私はその言葉の奇妙さに答えもせずにいたのだが、「あなたは神の道を信じて学んでいらっしゃるでしょう」と続けて言う。

傍らから美成が「この方は平田先生といって、古学の神道を教えていらっしゃる方だ」と言えば、寅吉は笑って、「まさにそうだろうと思っていました」と言う。

まず、このことに私は驚いて、「それはどうやって知ったものか、神の道を学ぶのは善いことなのか悪いことなのか」と問えば、寅吉は「なんとなく、神を信じていらっしゃるお方だろうと心に浮かんだので、そう申し上げたのです。神の道ほど尊い道はないので、これを信じなさることはとてもよいことです」と答えた。

この時、屋代翁が、「では、私はどのように見えるかな」と質問したところ、寅吉はちょっと考えてから、「あなたも神の道を信じていらっしゃいますが、もっと色々と、広い学問もなさっていらっしゃる」と言った。

「神と言われたり、仏と呼ばれたりするのを願ったりはしない。ただ、善き人になりたいものだ」（屋代翁の詠んだ歌）

これが、私がこの童子に驚かされたことの始まりであった。

# 寅吉、謎の老人に出会う

まず私は寅吉に、神誘いにあった顚末《てんまつ》のはじめを訊ねた。

寅吉は次のようなことを語った。

文化九年（一八一二）、七歳になったときのこと。池之端茅町《いけのはたかやちょう》の境稲荷《さかいいなり》の前に、貞意という名の売卜者《ばいぼくしゃ》（——訳者注。卜者。占い師）がいた。それが自分の家の前に出ていて、日々、占いをしているのを立ち寄って見聞きしていると、「乾《けん》の卦《け》が出た」、「坤《こん》の卦が出た」などと言っている。

卜筮《ぼくぜい》（——訳者注。占い）というものには、色々な獣の毛を集めておいて占う法があり、その毛を探り出して、熊の毛が出ればどうとか、鹿の毛が出ればこうとか、その探り出した毛によって判断することなのだろうと思って、しきりにそれを習いたく思っていた。

しかし卜者は私（寅吉）を子どもだと思ってふざけたものか、「これは簡単には教えられない業《わざ》なので、七日ほど掌《てのひら》の中に油をたたえて、火を灯《とも》す修行を勤め終えてから来なさい。そうしたら教えてやろう」と言った。

そのため、これは簡単に習えないものだと思って家へと帰り、両親も誰も見ていない間を見計らって、二階に上がるなどしてこっそりと手灯《てあか》りの行《ぎょう》を始めたところ、その熱さは堪え難いものだった。しかし、我慢して七日の行を勤め終え、卜者の許へと行き、「手がこんなに焼けただれるほど、七日の間、手灯りの行を勤めたので、教えて下さい」と言った。

すると卜者はただ笑うだけで教えてくれなかったので、とても悔しくは思ったが仕方なく、ますます、この業を知りたくなって日々を過ごしていた（原注。この貞意という卜者は、後に上方《かみがた》（関西）のほうへ行ったという）。

その年の四月頃、東叡山《とうえいざん》（寛永寺《かんえいじ》）の山の下で遊んでいて、黒門《くろもん》前の五条《ごじょう》天神の辺りを見ていた。すると五十歳ほどに見える、長く伸ばした髪をくるくると櫛巻《くしま》きのように結んで旅装束に身を包んだ老翁がいて、口の周りが四寸（約一二センチメートル）ほどあるかと思われる小さな壺《つぼ》から、丸薬を取り出して売っていた（原注。『平児代答』[17]には五、六寸とあるが、四寸ばかりだと寅吉は後に言っている）。

その際にとり並べた物は、小つづら（――訳者注。小さな籠《かご》）から敷物に至るまで、ことごとくその小壺に入れられ、何事もなく納まっていた。さらに、老翁自らも壺の中に入ろうとした。[18]どうやってその中に入れるのだろうかと見つめていると、片足を踏み入れたと思ったら体全てが入っていて、その壺が大空に飛び上がり、どこに行ったかも分からなかった。

17 『平児代答』 山崎美成著。平田篤胤と出会う以前の寅吉から聞き書きしたことをまとめた書。

18 壺の中に　中国の故事「壺中の天」に似る。薬売りの老人に頼んで壺に入れてもらうと、中には別天地があった（『後漢書』方術伝）。

# 壺に入って空を飛ぶ

寅吉はとても怪しく思って、その後もまた同じ場所へ行き、夕暮れまで見ていると、以前と同じような様子であった。その後にもまた行って見ていると、その老翁は寅吉に声をかけて、「お前もこの壺に入りなさい。面白いことなどを見せてやろう」と言った。

気味悪く思ったので断ったところ、その翁《おきな》は、側にいた者が売っていた菓子などを買い与えた。そして、「お前は卜筮のことを知りたく思っているだろう。それを知りたければ、この壺に入って私と一緒に来なさい。教えてやろう」と勧めるので、寅吉は常に卜筮について知りたいという思いもあり、行ってみようと思う心が出てきた。そして壺の中に入ったような気がすると、日も暮れない内に、とある山の頂に着いた。

その山は常陸国（現在の茨城県）にある南台丈《なんだいだけ》[19]という山であった（この山は加波山《かばさん》[20]と吾国山《わがくにさん》[21]との間にあって、獅子《しし》が鼻岩という岩の突き出ている山で、いわゆる天狗の修行場であるという）。

ただ、幼い時のことだったので、寅吉は夜になるとしきりに両親が恋しくなり、泣くのだった。老翁は色々と慰めたが、なおも声をあげて泣くので、ついに慰めかねて、「それならば家に送り帰そう。ただし、決してこのことを人に語ることなく、毎日、五条天神の前に来なさい。私が送り迎えをして、卜筮を習わせてやろう」と言い含めて、寅吉を背中に負って目を閉じさせ、大空に舞い上がった。耳に風が当たって、ざわざわと鳴るように思うと、もう我が家の前に着いていた。

ここでも老翁は返す返す、「このことは人に語ってはいけない、語ればその身のために悪いことがおきよう」と言ってから、見えなくなった。こうして私（寅吉）はその戒めを固く守って、後になるまで両親にもこのことを言わなかった。

さて約束のように、次の日の昼を過ぎる頃、五条天神の前に行くと、かの老翁が来ていた。そして私を背負って山に至ったが、何事も教えることなく、あちらこちらの山々に連れて行って、様々なことを見て覚えさせた。花を折り鳥を捕まえ、山川の魚などを取って私を楽しませると、夕暮れになっては例の如く背負って家へと帰すのだった。

私はその山遊びの面白さに、毎日約束の所に行っては老翁に伴われることがしばらく続いた。家を出かけるときにはいつも、下谷広小路の井口という薬屋の男の子と一緒に遊びに出かけるように装っていた。

19　南台丈　南台嶽。茨城県笠間市・石岡市の境に位置する難台山（なんだいさん。標高五五三メートル）のこと。同山には獅子ヶ鼻岩が現存する。近隣の筑波山も男体山（なんたいさん）と女体山で構成されるが、ここでの「南台丈」は難台山を指すと思われる。ただし、この山が加波山と吾国山の間にあるという記述は、方角的には正確ではない。実際には、岩間山（愛宕山）と吾国山の間に位置する。

20　加波山　筑波連山のひとつ。七〇九メートル。山岳修行の行われる霊場として知られ、多くの社や奇岩がある。

21　吾国山　茨城県笠間市・石岡市の境に位置する。五一八メートル。難台山からは数キロメートルの距離にある。

# わいわい天王と山の異人

またある時のこと、七軒町の辺りに、いわゆる「わいわい天王[22]」という者がいた。鼻が高く赤い面を被《かぶ》って袴《はかま》姿に太刀をさし、赤い紙に「天王」という二字を刷った小札を撒《ま》き散らして子供を集めては、「わいわい天王様は囃《はや》すのがお好き。囃せや子ども、わいわいと囃せ。天王様は喧嘩が嫌い、喧嘩をするな仲良く遊べ」と囃しながら道を行くのである。

面白く思い、大勢の子どもたちに交じっては一緒に囃して、いつの間にか家を遠く離れていることにも気付かなかった。日はすでに暮れ、子どもはみんな帰ってしまっていた。今思えば本郷《ほんごう》の先の妙義《みょうぎ》坂という辺りであった。

札を撒いていた人が道の傍らに寄って面を取るのを見ると、いつも私（寅吉）を連れていく翁であった。私を送り帰そうとして家路についたが、茅町の榊原殿の表門の前まで来ると、私を探して父が迎えに出ていることを知り、「父親がお前を探している。私とのことは決して言ってはならないよ」と言った。そして父に行き会うと、

「この子をお探しではありませんか。遠くで迷子になっていたため、連れて来ました」と言って私を父に渡した。

父は大いに喜んで、老翁の名前と住所とを訊ねると、彼はどこどこのだれだれと、適当な名前を言って別れたのだった。翌日、父がその住所を訪ねると、もとより出まかせだったので、そこにそういう人は居なかったと言って空しく帰ってきた。

原注。あちこちの神社の札を配る者、わいわい天王などというものの中には、稀《まれ》に山々の異人も混ざっていることについては、下巻を参照すべし。

さて、この一件について寅吉の母に質問したところ、「寅吉は昼飯前に家を出て五つ刻《どき》（夜八時頃）まで帰ってこなかった。連れてきた人は神田《かんだ》紺屋町《こんやちょう》の彦三郎と名乗ったので、寅吉の父である与惣次郎は酒を持って紺屋町を訪ねたが、そうした人はいなかった。期待外れに思ったので、知り合いである紺屋町の酒屋に頼んで丁寧に調べて貰《もら》ったが、そうした人は探し当てられなかった」と言った。

22 わいわい天王　大道芸人の一種。羽織袴に両刀をさし、天狗（猿田彦）の面を付けて囃し歌を歌いながら牛頭天王（ごずてんのう）の札を撒き、金銭を乞い歩いた。

# 山での修行

寅吉は、続けて次のように語った。

毎日のように連れていかれた山は、最初の内は南台丈でしたが、いつの間にか同じ常陸国の岩間《いわま》山[23]に連れていかれるようになりました。今の師に当たる人に付くと、師はまず百日断食の行を行わせ、それから師弟の誓状を書かせました。

（原注。老人の行方、師の名前、弟子のこと）

私は、かねてからの念願である卜筮を教えてくれるよう言いました。師は、それは簡単なことだが、易卜（——訳者注。占い）は良くないものでもあるので、まずは別のことを学べと言って、色々な武術や書道の方法、神道に関わること、祈《き》禱呪禁《とうじゅごん》の方法、護符への文字の書き方、幣《ぬさ》[24]の切り方、薬や武器の作り方、また易卜以外の様々な占いの方法、仏教の諸宗における秘事や経文《きょうもん》その他、様々な事などを教えてくれました。

修行に行く時はいつも、かの老翁が送り迎えをしてくれたのですが、両親をはじめ、人には決して語らず、教えを受けたことについても明かさなかったので知る人はいませんでした。とくに、我が家は貧しかったので、親に世話をかけず遊びに出ていくのを良しとして、それ以上何かを訊《き》かれることもなかったのです。

また、十日、二十日、五十日、百日余りなどにわたって山に居り、家に帰されたこともたびたびありましたが、どういうことか、両親はじめ家の者たちは私がそのように長く家に居なかったとは思わなかったようでした。

こうして山を行き来すること、七歳の夏から十一歳の十月まで、すべて五年間のことでしたが、この間に師の供をして、また師に従うほかの人にも連れられて、色々な国々のあちこちをも見て回りました。

（原注。この間のことを寅吉の母に質問したところ、筆、独楽《こま》、凧《たこ》などの遊び道具を持ち帰ってきたとのことだった）

23　岩間山　茨城県笠間市に位置する愛宕山のこと。三〇六メートル。山頂周囲には愛宕神社、飯綱神社が鎮座する。
24　幣　幣帛（へいはく）、御幣（ごへい）、みてぐらとも。神前に供えたり、祓（はらえ）の際に用いるもので、主に紙を切って作る。

# 寺での生活と父の死

さて十二、十三歳の頃には彼の地との境を往来することなく、ただ時折、師がやって来て何かしら教えてくれるだけでした。そうする内に、父は私が十一歳になった八月より患い付いてしまいました。

その病中に、師は私に――（原注。飯を食わない病気。まず和尚《おしょう》、比丘尼《びくに》に嫌われ、気の狂った和尚に気に入られたこと。寅でなければ飯を食わないこと。幽霊を打つ。禅僧、問答に来る。囲い者のこと。後見は藤寺、根岸圓光寺《ねぎしえんこうじ》）――禅宗、日蓮《にちれん》宗などの宗体（――訳者注。宗門の根本的な教義）も見覚えておくようにと言うので、両親には「私は病気の身なので商売もおぼつかないため、寺に奉公してから出家しようと思います」と言ったところ、父母ともに仏への信心が厚かったためこれを承諾し、この年の秋より池之端の正慶寺《しょうけいじ》という禅宗の寺に預けたのです。

この寺で、禅宗の経文などを習い、宗体もほぼ見聞きして、十二月に家に帰りました。文化十五年（一八一八）の正月から、また同所の覚性寺《かくしょうじ》という富士派の日蓮宗の寺へ行ったのですが、この年の二月に父が亡くなりました。

# 占いを始める

この寺にいるときにある人が来て、大切な物を失くしたと人に語っていました。横で聞いていると、誰ともなく耳元で「それは人が盗んで、広徳寺の前にある石の井戸の傍らに隠し置いてあるのだ」と言う声が聞こえました。

聞こえたことをそのまま伝えると、その人は驚いて帰りましたが、「はたしてその通りの場所にあったから不思議だ」と人々に伝えていたため、あれこれと人に頼まれて占いをするようになり、また呪禁加持などもしたところ、ことごとく験《しるし》（――訳者注。不思議な力）があったのです。

その中で、富[25]の題付《だいつけ》[26]とかいうものの番号を数回言い当てたことがありました。自分の許に来て質問する人が、富の題付だということは告げずに、「千番ある番号の内、一つの数字を神社に収めようと思う。何番がよいだろうか。占ってくれないか」と言うので、占って何番がよいと伝えました。

全部で二十二、三人に頼まれた内、十六、七人は当たったということです。六、七回は当たらなかったが、その内の五回ほどは、私が教えた番号の札が、それより早く人の手にわたってしまったために、外れたというものでした。

---

25 富　富くじ、富突きとも。寺社を胴元とする賭博の一種。寺社の運営資金を得るために行われるもので、庶民の娯楽でもあった。

26 題付　第付とも。富くじを買えない層が、富くじの当籤《とうせん》番号をもとに行う私的な賭博。

## 寺から家に帰される

こういった様子だったので、たくさんの人が様々なことを頼みにやって来てうるさかったため、隠れて人に会わないようにしました。しかし、なおも大勢が来てしまったので、寺の住持が驚き、「このような状態で世間に知られるには寅吉はあまりに幼いので、私が怪しい術を教えて利益を得ているように思われては困る」と言って私を家に帰しました。

この後、一か月ほどは家にいましたが、一昨年の四月からはまた師の教えにより日蓮宗の宗源寺という身延《みのぶ》派の寺に弟子入りして、この寺で剃髪《ていはつ》しました。その理由は、この宗派で剃髪して真の弟子にならなければ見聞し難い秘事などが多かったためでした。

## 山の師と伊勢、東北へ

そして文政二年（一八一九）五月二十五日に私の許へ師がいらして、一緒に来いとおっしゃるので、母には人に誘われて伊勢《いせ》参宮すると伝えておいて、師とともにまずは岩間山に行き、それから東海道《とうかいどう》を進んで江《え》の島《しま》、鎌倉《かまくら》の辺りを見て、伊勢両宮を拝み、西の国々にある山々を見て回り、八月二十五日にひとまず家に帰りました。

九月になって、また師がやって来てともに来いというので、このとき母には神社巡りに出かけると言って、師と一緒に遠い唐土（――訳者注。外国）の国々までも走り行き、この国に帰ってからは東北の山々を見て回ったのですが、どういうことか十一月のはじめに妙義山の山奥にある小西山中という所の、家が多少はあるものの人跡が絶えたとでも言うべき所に捨て置かれ、師はいずこともなく立ち去られました。

そこで、その土地の名主とも言うべき家を訪ねて二、三日ばかり待っていたのですが、師は現れませんでした。するとその家に、どこの人であろうか名前も知らないが、五十歳ばかりに見える老僧がやってきました。

# 筑波山の社家に弟子入り

そして、「私（寅吉）は江戸の者ですが、神道を学ぼうとして国々を回り、道に踏み惑ってこの土地に来ました」と語るのを聞いて、「これは殊勝なる心がけなり。そうであれば、私が知っている人に神道にくわしい人がある。そのもとに連れて行こう」と言って、筑波山《つくばさん》[27]の社家《しゃけ》である白石丈之進という人の許に私を連れて行くと、「この童子は神道に熱心だというので、留め置いて教えてやって下され」と頼み置き、去っていきました。

さて、丈之進という人の神道は「蛭子流[28]」という流派であって、吉田流《よしだ》[29]よりももっと仏法（——訳者注。仏教の教え）を混ぜた神道で面白くはなかったものの、私を子分にして名前を「平馬」と名乗らせて丁寧に教えてくれたので、これも学んでおこうと思って、年をまたいでこの家にいて、その道の教えを聞きました。

そうしていると三月のはじめに古呂明[30]（——訳者注。寅吉の兄弟子）が来て、師のいる山へ一緒に行こうと言いました。とても嬉しくて、丈之進には東国筋の神社巡りに出かけたいと暇乞《いとまご》いをしました。
するると、通り手形に印形を押したものを授けられて、身分の明らかでない者の一人旅には宿を貸さない決まりがあるので、この手形を見せて宿を頼みなさいなどと教えて、送り出してくれました。その手形の文面は、左にあげるようなものでした。

差し出します一通のこと。

一　このたび私の息子である平馬と申す者に（素性たしかな者でございます）、神前に国家安全、万民繁栄のための御祈禱を行うよう言いつけて、近国・近林の巡行に差し出し申すものです。
もしも途中にて御神職の皆様へお目にかかった節には、私同様にお取り持ちくださいますよう、お願い申し上げます。また、この者がいずこかの道中で夕暮れを迎えてしまった際には、どうぞ御一宿を賜りますよう、お願い申し上げます。以上。

文政三年三月

筑波六所社人
白石丈之進　印

御神職の皆様
村々の御役人の皆様

このように記してあり、さらに上包みの紙には「白石丈之進内、同平馬」（——訳者注。白石丈之進の家族、白石平馬）と書いてありました。このとき古呂明に誘われて岩間山に行き、師に会って、さらに様々なことなどを教え授けられたのです。

27 筑波山　茨城県つくば市に位置し、男体山（八七一メートル）と女体山（八七七メートル）で構成され、山中には筑波山神社が鎮座する。徳一大師によって筑波山寺（のちの筑波山知足院中禅寺）が開基されて以降、神仏習合が進み修験道の行場として知られるようになった。山中に多くの社や奇岩を擁する。

28 蛭子流　神道の一流派。詳細不明。

29 吉田流　吉田神道のこと。室町時代に京都吉田神社の神職、吉田兼倶によって大成された神道の一流派で、仏教・儒教・道教の知識を取り入れてある。

30 古呂明　寅吉の師である岩間山の杉山僧正（杉山山人）の弟。寅吉たちの面倒を見ていた古参の修行者。

# 師、杉山僧正と名乗る

しかるに私は去年の九月より今年の三月まで、七か月ばかりも母と別れていたので、今頃はどうしているだろう、兄はいまだ年若く、父の亡くなった後はどうやって暮らすのだろうなどといった考えが浮かんできて、気持ちが塞《ふさ》いでいました。

師はその有様を見咎《みとが》めて、「お前は母のことを思っている様子だが、無事であるから案じて過ごすことはない。その有様を見よ」とおっしゃいました。

すると、夢とも現《うつつ》とも山とも家とも分からない状態になりました。そして、母と兄が無事でいる様子がありありと見えたのですが、話しかけようと思った時に、師の声が聞こえました。

これに驚いて振り返り見ると、師が自分の目の前にいました。その時、師がおっしゃったのは、次のようなことでした。

「これからしばらくの間、家に帰るべし。里に帰った上でも、人はただ一心に何かを行うことこそ大事なことである。邪悪な道に踏み入ることなく気を付けて、神の道の修行に心を凝らすように。

ただし仏道をはじめとして、私が好まない道においても、決して決して、人にそれを悪く言って争うことのないように。お前の前身（――訳者注。前世）は神の道に深い因縁のある者であるから、そして私はまた影の身として添って守護するから、かねて教えたことなどの、世のため人のためとなることを施し行うように。

ただし、信頼できる人を得ない内には、みだりに山で見聞きしたことを明かすことは許さない。また私の実名も人に明かしてはならない。世に言われるままに天狗と称し、岩間山に住む十三天狗の内、名前を杉山組正[31]というように言っておきなさい。

古呂明のことを言うときは、しばらくの間は白石丈之進だと称しておき、お前の名前も、私が授けた「嘉津間」という名は名乗らずに、白石平馬と名乗りなさい」

そう私に教えて、また、平馬の二文字を花押[32]にする方法も教わりました。

---

31　寅吉の師の名は、杉山僧正、杉山組正などと書いて「すぎやまそうしょう」と読むという。

32　花押　自分の名前に使われる漢字を極端に崩して記号化したサイン。署名の代わりとして文書に記された。

## 一瞬で浅草へ

そして、師自ら古呂明、左司間[33]とともに送ってくれましたが、途中にある大宝《だいほう》村の八幡宮《はちまんぐう》に参詣《さんけい》させられました。さらに、神前に奉納の刀剣が夥《おびただ》しくある中で、一振りの脇差を選んでこれを差料[34]とさせました。空行（――訳者注。空中を飛行）してしばらくの間に、人通りの絶えない大きな仁王門のある堂の前に至りました。

このとき古呂明に、「ここら辺りからは、お前の家に近い。一人で行きなさい」と言われたので、ここはどこなのかと問えば、浅草観世音の前なりと言われました。驚いてよく見れば、本当にその通りでした。空行に伴われてから、ふとこの場所に置かれたので、そこがどこということが分からず、戸惑っていたのです。ここで私は師へと暇乞いをして、一人で家に帰りました。それは三月二十八日のことでした。

33　左司間　高山左司間（佐司間、左司馬）。寅吉と同門の、杉山僧正の弟子。
34　差料　腰に差すための刀。

# 兄弟で神仏論争

さて母と兄とは、私にまた寺に行って出家を遂げるようにと勧めましたが、私はこれに従いませんでした。それは、私が生まれつき三宝《さんぼう》の道（――訳者注。仏教）が嫌いなためであり、以前剃髪したのは、師の命令で希望することがあったためでした。そこで、今は還俗《げんぞく》[35]しようと言って、下山した三月より六月までは家にいました。

私の髪は去年の夏、宗源寺で剃《そ》ったままのいがぐり頭で、結びあげることができなかったので、それを伸ばそうとしていました。ただし我が家の宗旨は一向《いっこう》宗[36]であって、母も兄も明けても暮れても阿弥陀《あみだ》仏を称《とな》え、神を嫌って卑しめ、抹香臭いことなどを常の行いとしています。

しかし私はそれに代わって大神宮の御玉串《たまぐし》を神棚に収め、柏手を打って拝していました。すると、兄はそれを汚らわしいと言って塩を撒き散らしたりしたので、私も負けずに仏壇こそ汚いものだと言って唾《つば》など吐きかけました。

そのために兄弟の仲は悪くなり、山より持ち帰った物、天気を見るための書、そのほか様々の法を記した書、また薬方の書なども、母と兄とにみな焼き捨てられ、師の下さった差料までもが古鉄《ふるがね》買に売り払われてしまいました。

六月の末頃には、すでに髪も生え伸びていた為に野郎頭[37]となり、ちょっとした由があって七月からある人の家に奉公していました。しかし、私はもとより大抵は山に育ったものであり、現世の人に仕える道を知らなかったのです（原注。馬鹿馬鹿と言われたこと）。奉公人らしい振る舞いも学ぼうとしなかったので、馬鹿馬鹿と言われ、役に立たないということで八月のはじめには家に帰されました。

---

35　還俗　いちど出家して僧侶になった者が俗人に戻ること。
36　一向宗　江戸幕府によって浄土真宗を指すために用いられた名称。
37　野郎頭　額から頭頂までを剃り上げて髷を結った、当時の一般的な男性の髪型。

# 山崎美成との出会い

このあとまた少しの縁があって上野町の下田氏の家にいたところ、山崎美成さんがやって来て私のことを聞き、珍しがって「私の許に来なさい」と言われました。

そこで母にも告げず、九月七日からは山崎氏の家に移り、ことのついでに少々、山でのことや自分の身の上のことも語ったところ、山崎氏がほかの人にも私のことを話されたので、それを聞いた人々が多く訪れるようになりました。

荻野《おぎの》先生[38]や山崎さんなどのように仏法（——訳者注。仏教の教え）を好んで信じている人には、聞かれるままにその道のことや印相[39]のことなどを答えて、師の戒めのままに、仏法を悪しき道とは言いませんでした。

そのため、「それだけ仏法のことを知っているのであれば、俗人になるのは惜しいことだ。私たちがいかようにも世話してあげるから、僧侶《そうりょ》になりなさい」としばしば勧められたものです。

しかし私は師の言葉の通り、何かの宿縁があったと見え、仏法を好まないので辞退したのですが、私は本当の心を誰にも語らなかったので、ことを分かっていない輩《やから》が何かと悪しざまに言っていることなども聞こえてきました。

また私は世間との付き合い方、世間での過ごし方も知らなかったので、「どうすればよいのだろう」とわがことながらに考えあぐね、時々外に出ては火の見櫓《やぐら》に登って、岩間山の空を眺めて過ごしていました。

その月の晦日（末日）に、美成さんの店の者が使いにいくのに誘われて出かけましたが、途中で同門の友、高山左司間に行き会いました。ただし、こちらは人と一緒だったので互いに何も言わずに別れました。しかし、きっと師の使いで私のところに来たのだろうと心に思い、待っていたところ、はたしてその夜、外で私を呼ぶ声が聞こえました。

そこで、それとなく外に出てみれば、左司間がいました。師の言付けは、「近いうちにお前の頼りとなる人が現れるので、なにも思い悩むことはない。また十二月の三日から寒行に入るので、例の如く、三十日の行がある十一月の末までには山に登るように」というものでした。

38 荻野先生　荻野梅塢（おぎのばいう）。一七八一—一八四三。幕府天守番。仏教知識に長け、寛永寺の僧に仏学を講じてもいた。篤胤『勝五郎再生記聞』の調査対象だった生まれ変わりの記憶を持つ少年、小谷田勝五郎が江戸に上がった際、梅塢は彼を自邸に招いている(松浦静山『甲子夜話』巻二十七の五)。

39 印相　手の指を使って、仏や菩薩などを意味する様々な形を作るもの。

# 知識人たちとの出会い

　しかし、もしも師が讃岐《さぬき》国の山周りの当番に当たっていた場合には、寒行は休みとなるので、その場合はまた里に帰されるとのことだ、と言いおいて左司間は帰りました。

　これに力を得て、美成さんには「同門の友である左司間が私のところにやって来て、十二月にはいつものように寒行が始まるゆえ、十一月の末までに登山せよ、と言い遣わされました」とだけ語っておいたところ、十月朔日《さくじつ》（一日）に、大人《うし》（――訳者注。尊称。篤胤を指す）と屋代先生が訪ねていらしたのです。

　いろいろと質問なさることなどが、ほかの人たちとはだいぶ違っていたのが心に嬉しく、とくに篤胤大人が美成さんの言うことを制して、「僧になれとはすすめなさるな。すでに入っている道を遂げさせるように」と言ったのがとても嬉しく恐縮であり、「私の許へも来なさい」と繰り返し言い残して下さったので、すぐにでも参ろうという気持ちになりました。

寅吉は後に、「師が左司間を使いにして、近い内にお前の頼りになる人が現れると言付けをなさったのは、この方々のことだろうと思うと頼もしく、時が来るのを心待ちにしていました」とくわしく語った。

十月六日に屋代翁から、今日の夕方に美成が寅吉を連れて来る旨を言い遣わされたので、訪ねてまた様々のことを質問した。

美成には、「この童子（寅吉）は山風が誘い来れば素早く帰ってしまうかもしれない。どうか私の方へも連れてきてくれないだろうか」と言ったところ、「明日にも連れて行きましょう」とのことだった。

とても嬉しく、佐藤信淵《さとうのぶひろ》[40]、国友能当《くにともよしまさ》[41]たちも寅吉に会いたいと言っているので、その日の夜に連絡したところ、みな喜んで七日の早いうちに集合した。

童子が好むだろうと思われた菓子、そのほか色々と取り揃え、小嶋氏[42]からは童子をもてなすためにといって新鮮な魚なども賜って心待ちにしていた。ところが夕方に美成から手紙が来て、「今日は連れていけません。時を見て連れていきます」と言い遣わしてきたので、集まった人々は空しく帰ることとなった。

40 佐藤信淵　一七六九―一八五〇。篤胤と同じく出羽出身の農政学者。篤胤からは国学を学んでいた。

41 国友能当　一七七八―一八四〇。一貫斎、藤兵衛とも。鉄砲鍛冶師。オランダ由来の器械を研究し、空気銃や反射望遠鏡を製作した。篤胤の門人。

42 小嶋氏　小嶋惟良。江戸に住む、篤胤の門人の一人。

# 美成とのやりとり

我が家の者たちは、今来るか今来るかと待ち構えていたのに、こういった次第だったので、残念に思って力を落としたものだった。私が今つらつらと考えるに、美成は調子のよいことは言っていたものの、寅吉を私の許へ遣わすのを惜しんでいるようであった。

このままでは、ついに連れて来ないであろう。その間にもし山へ帰ってしまえば、私の弟子たちも無念に思うに違いない。そこで、いっそこちらから彼の家へ行ってしまおうと、八日の昼前に、妻と岩崎吉彦[43]、守屋稲雄[44]を連れて美成の家を訪ねた。

そして、「昨日は待っていたのにいらっしゃらないのを残念に思ったので、家内の者たちも連れてきました。童子に会わせて下さい」と言った。

すると美成の母が出てきて、「美成は外へ出かけています。童子は今朝、その母の許へ出かけていきました」と言ったので、仕方なく、また帰ってきた（原注。後で聞いたところ、この時、童子は家の奥にいて、私が美成の店まで行ったことを見聞きしていたが、隠れていなさいとささやかれたために、会いたいとは思っていたが仕方がなかった、と言った)。

途中で、連れている者たちが皆、「童子は母の許へ行ったということですから、ただちにそちらへ訪ねてはいかがでしょう」としきりに勧めるので、私もそれもそうだと思い、七軒町へは遠くないこともあり、皆を連れて訪ねてみた。

かろうじてその家を探り当ててみると、裏通りにある一間だけの家で、母だけがいた。寅吉が来たか訊ねたところ、兄と仲違《なかたが》いして下田氏の家に行った後は、ずっと来ていないということで、美成の許にいることさえも知らなかった。

ということは、美成の家にて、寅吉は母の許へ出かけたと言っていたのは、すっかり嘘であったことになる。そのまま帰るのも恨めしいので、寅吉の生い立ちや、異人に誘われたということの顚末などを母親に訊ねたところ、生い立ちのことは詳しく語ったものの、神誘いにあった経緯《いきさつ》については、最近になって人が言っているのを聞き、ようやく知ったという風情であった。

この日もついに童子には会えず、空しく帰ることになったが、その母から生い立ちなどの様々なことを聞き、なお色々と聞きたく思う気持ちが募ってきた。

美成のしわざを憎くは思ったが、ここのところは彼の気持ちを摑《つか》んでおくにこしたことはないと、贈り物などをして、また屋代翁にも仲介を頼み、寅吉の母親にも息子を訪ねて貰って美成の歓心を買ったところ、十日の昼のこと、手紙でもって「明日の夕方に参ります」と伝えてきた。

この時、ちょうど佐藤信淵も来合わせていたので、ともに喜んだ。「七日の際には、国友能当と私はせっかく一緒に遠い四《よ》ッ谷《や》の里からやって来たのに、空しく帰ることになり、国友には気の毒なことでした。明日、国友には私のほうからきちんと連絡致します」と言って帰っていった。

十一日の朝早くに屋代翁の許へ、夕方に美成が童子を連れて来る旨、連絡があった。ちょうどこの時、下総《しもうさ》国（現在の千葉県）香取《かとり》郡笹川《ささがわ》村の須波社（諏訪《すわ》社）の神主である五十嵐対馬[45]が学問のために江戸に出てきており、この日は私の許へと来ていた。

八つ半時（午後三時頃）に屋代翁が、その孫である二郎さんを連れていらっしゃった。国友能当、佐藤信淵もやって来た。折よく、青木並房[46]もやって来ていて、小嶋氏は家族揃って訪ねてきた。私の塾からは竹内孫市[47]、岩崎吉彦、守屋稲雄たちが来た。

申《さる》の刻（午後四時頃）を過ぎても美成が来なかったので、皆は待ちあぐねていた。屋代翁が手紙を書いて使いを出そうとしていた時、ようやく童子を連れて美成がやって来た。これこそ、寅吉が私の許へとやって来た最初のことであった。

43　岩崎吉彦　篤胤の門人の一人。下総の出。
44　守屋稲雄　篤胤の門人の一人。相模の出。
45　五十嵐対馬　篤胤の門人の一人。下総国香取郡笹川村、諏訪神社の神主。
46　青木並房　篤胤の門人の一人。
47　竹内孫市　健雄とも。篤胤の門人の一人。幕臣。寅吉に取材して『神童憑談畧記』を著した。

# 岩笛、風炮のこと

さて童子に、以前から約束していた岩笛（原注。石笛。下巻参照）を見せると、自然の姿で音の高いことがとても心にかなったようで喜ぶこと限りなく、吹く音もよく鳴り、いつまでも止めずに吹き鳴らし続けていた。

この日は、様々なことについて質問をした。皆、感心して驚いたことが多かったが、中でも、彼の境に鉄炮《てっぽう》（鉄砲）はあるかと質問したところ、次のような驚くべき答えが返ってきた。

「鉄炮は、この世にある通常の鉄炮と同じですが、外に付けられた装飾はいささか異なるものです。大きいものも、小さいものもあります。また、風を込めて打つ鉄炮もあります」

私もほかの人たちも、この頃、国友能当が作った風炮（原注。風砲の事。下巻参照）に大変驚いていたところであり、寅吉の言うことを聞いて更に驚き、顔を見合わせた。

とくに国友は非常に驚いていた。

これが、私と国友とが一緒に、仙炮（――訳者注。仙境の鉄砲）について聞くことになるはじめてであった。

このことにおいては、私が訊ねるよりも国友が訊ねるほうが、さすがにその道の本職だけあって、要領を得たものであった。そこで、これについては国友に任せて質問させたが、その内容は図に著した通りである。実際、この点については私がどう考えようとも、彼のように明らかには問い明かすことの難しいことであった。もし国友がいなければ、惜しくも仙炮のことは世に伝わらなかったことだろう。

# 書法のこと

　またこの時、試みに奉書美濃紙《みのがみ》などを出して文字を書かせたところ、その運筆（――訳者注。筆運び）が凡人離れしており、人々はこれにも驚かされた。これが、童子が大字《だいじ》の書を書いたはじめであった。

　これ以前にも、ことの流れで少々書いたことはあったが、ただ半切《はんせつ》（約三五×一三六センチメートル）の紙などに小字の書を書いただけのことだった上、下手なものだったので、誰も美しい大字を書けるものとは思っていなかった。

寅吉自らも、世間の文字は大して知らず、山で習った字は世間の字と形が異なるため人に笑われると思って書かなかったとのことだった。小字の書を世間で書くようにうまく書けないのは、山での手習いでは手につまんだ砂で字を書き、また、いまだに小字を書くことは習っていないからだと言った。

　童子の書や運筆を、屋代翁はじめ書に優れた人々[48]は皆驚いて褒め称《たた》えた。なお次々と、こうしたことが出てくるのでそれも見るべし。

さて、いろいろと物語るうちに、早くも戌《いぬ》の刻（午後八時頃）になったので、美成は帰りを急ぐといって暇を乞うた。心残りが多く、今しばし居るようにと留《とど》めたが、あくまで帰るとのことだった。

しかし、長笛を作らせて世に伝えたいと思ったので、また近い内に寅吉を連れてきてくれるよう繰り返し告げたところ、美成は承諾して寅吉を連れ帰っていった。

---

48 書に優れた人々　屋代弘賢は幕府右筆であり、文書の作成および書の専門家であった。

# 竹笛のこと

翌十二日、岩崎吉彦を美成の許へと使いにやって昨日の夜のお礼を伝えさせ、貸そうと約束した『鉗狂人』[49]も持たせた。さらに「笛を作るための竹を買っておりますので、近い内にまた童子をお貸し下さい」と伝えさせたところ、吉彦は間もなく童子を連れて走って帰って来た。

一体どうしたのかと問えば、吉彦が言うことには次のような次第だった。

篤胤大人のおっしゃったとおりに申し上げたところ美成の母が出てきて、「寅吉は流行子《はやりこ》（——訳者注。人気者）になったのでたいへん騒がしくなり、今日も早くから美成と一緒によそへ行きました」と言っている間に、童子が私の「笛を作る竹を買う」という声を聞きつけて奥の間から走り出してきました。

そして「笛の竹を買うのなら、私も一緒に行きます」と言って、外に駆け出しました。美成の母はとても困った様子に見えましたが、またもやよそへ出かけたと言ったのが憎らしく、「では一緒に行こうか」と言って連れ出してきたのです。

吉彦が笑いながらそう言うのが私にもおかしくて、「いつもはお前の遠慮のなさを叱っているが、今日だけは遠慮のなさが役に立ったな」と言って笑ったことだった。

しかし、童子はお辞儀もせずに、来たと思えばすぐに神前にある岩笛を吹き鳴らしては、こんなに自然のままで面白い物はないと言って喜んで、またいつまでも止めずに人の言葉も耳に入らない有り様だった。

そこで菓子などを与え、私も一緒に色々の遊戯などしつつ様子を見て、そもそもの岩笛の出来始めをどう考えるかについてや、石剣のこと、矢の根石《ねいし》のこと、石を造る方法、割れた石を継ぐ方法、月に穴があるという説、星が気の固まった物だという説、空を飛ぶことの詳細、人の魂の行方、鳥獣の成り行きなどのことについて質問をした。

この日、昼前に来合わせたのは、五十嵐対馬、竹内孫市の母刀自《とじ》（――訳者注。刀自は年長の女性に対する尊称）などであった。

49『鉗狂人』　けんきょうじん。国学者、本居宣長（一七三〇―一八〇一）著。篤胤は宣長没後の門人を自認していた。

# 寅吉、呪いをする

私の家から一軒おいた隣の家では、いわゆる「はご」[50]という猟をしていた。数丈はある長い木の枝に鳥黐《とりもち》を塗り、おとりを置いては日々、鳥を捕まえていたのである。私の義母はいつも、無益な殺生だと言ってこれを嫌っていたが、ちょうどこの時、鵯《ひよどり》が仕掛けにかかった。

その場にいた皆がこれを見て、「また鳥がかかった」と言うのを童子が耳にして、「今にもその鳥を放ち飛ばしてみせましょう。茶碗《ちゃわん》に水を入れて、私に下さい」と言った。与えると、私の書斎の縁側に立って、太刀を振る真似をし、何やら口で唱えつつ、茶碗の水を指先ではじいては吹き飛ばした。

私も対馬も立ってこれを見ていると、捕まった鳥の体も羽も、大部分が仕掛けの枝にぴったりとくっついており、少しも動かなかった。とくに私の書斎から、そのはごの仕掛けまでは三十間（約五五メートル）以上もあったので、私は心の中で「いかに神童とはいえ、あそこまでは呪《まじな》いもとどくまい」と思っていた。

鳥を解き放つことができなければ、恥をかくことになる。しかし到底、放つことはできないだろうと思って、「あの鳥を逃がしてしまっては、捕まえようとしている人が残念に思うだろう。もう止めておきなさい」と言った。

しかし童子はひたすらに呪いを続けたので、私は人々と目くばせをした。そして対馬と私は脇からは意見を言わず、わざと気にせぬそぶりをしていたのであった。

すると、立ってこれを眺めていた者たちが、「あ、鳥の片羽がとれたぞ」と言った。我々二人も立ち上がって見てみれば、本当に右の羽が鳥黐から外れていて、見る間に左の羽も外れ、体も放たれて落ちたものの、また、小枝が多く突き出たはごにくっついてしまった。

とても惜しいことに見えたが、童子がなおも呪いを続けていると、ふたたび下の枝に落ちてひっかかり、羽繕いをして飛び去った。その落ちた様子を見れば、鳥黐は蜘《く》蛛《も》の糸のように細く糸を引いていた。つまり、呪いによって粘りの力が弱り、薄くなったものと見える。

---

50　はご　木の枝に粘度の高い鳥餅を塗り、おとりの近くに立てて野生の小鳥を捕まえる猟。はが。

# 風の神の幣帛

人々は非常に感心したが、童子はとくに珍しいこととも思っていない様子で、「さぁ、竹を買いに行きましょう」と言った。

私は、「すぐにでも一緒に買いに行ってやろう。ただ、その前に風の神の幣を切ってはくれないか。私は日頃から風の神を信仰しており、その験[51]を得たことも多くあるのだ」と言って、明日にして下さいと拒むのを無理に頼んだ。

紙と刃物を出したところ、いやいや従って切り始めたが、途中で数回立ち上がっては空を見て、「今日は止めにしておいて下さい」と言った。

なぜかと問えば、「風の神の幣を切るのは、大切な伝授を受けたわざです。幣を切ればすなわち東の方に雲が起こり、その雲が西に渡れば風が吹き、ついには雨が降ります。ついては今日、竹を買いに行くことができなくなりますから、明日にして下さいと申しているのです」と言った。

そこで私は、「そういった験もあろうと思えばこそ、頼んでいるのだよ。雨が降り風が吹こうとも、それがいったい何ほどのことか。私自ら買いに行こうではないか」と言って、なおも嫌がるのを強引に、風の神の幣を切らせた。

そこで寅吉は止むを得ず、左右の空を見ては気遣いしながら、幣を切り終わってこれに神の霊力を移し、使う際の方法をも私に伝えて神棚に納めた。すると、それまで一点の曇りもなかった青空に、東の方からさきほど言った通りに雲が起こり、西に渡ろうとして、風まで吹き出したではないか。

寅吉は、ほら見たことかと騒ぎ、今切った幣を出して下さいと言ったが、私はこれを拒んだ。それでもしきりに言うので出したところ、しばし祈念してからまた神棚に納めさせた。

そして、「夕暮れに至るまでの間、幣に移した神の霊力を封じ奉りました。その間は雨風がないでしょう。しかし、夕暮れ時には雨風が起こります」と言った。そこで稲雄を供に連れ、寅吉と一緒に筋違《すじかい》外の竹川岸《たけがし》へ竹を見に行ったのである。

その道中に聞いたことなどは、七韶舞《しちしょうのまい》[52]に使うリンという琴のこと、短笛のこと、羽扇のことなどであった（原注。この、ほんの少しの道をとても遠いというのが奇妙であり、質問したこと）。

こうして竹を買って帰り、その日に来た番匠（——訳者注。大工）に竹を九尺（約二メートル七〇センチメートル）と一丈（約三メートル）とに切らせて洗わせたりしている内に、小嶋さんもいらした。

私はまた孫市、稲雄、対馬たちと一緒に舞のことについて質問していたところ、すでに未《ひつじ》の下り（午後三時頃）とおぼしい頃に美成からの使いが来た。そして、「急ぎの用事があるので寅吉をこの使いの者とともに帰して頂きたい」との伝言を述べた。

まだ聞きたいことは多かったが、そう言われては致し方ない。寅吉も不本意そうに「また明日参ります」と心残りのままに帰っていった（そしてこの日の夕暮れ時、はたして風が吹き出し氷雨が降ったのであった）。

---

51 験　しるし。霊験（れいげん）。神仏が人にもたらす利益（りやく）。
52 七韶舞　七生舞とも。寅吉が仙境で見聞きしたという山人たちの舞楽。神々を喜ばせ、妖魔を払う効力があるという。篤胤や門人たちは精力的に、寅吉からこの舞に関する聞き取りを続けた。

## 常陸の山に修行へ

さて、十六日の昼前、私は孫市と稲雄の二人を付き添いにして、寅吉を美成のところに遣わした。そして、寅吉を引き留めていたことを美成へ謝らせた。ところが、その日の昼過ぎ頃に、童子は旅装束にて再びやって来た。

どうしたのかと問えば、「美成さんが早く山へ出発せよとおっしゃるので、家を出たのですが、暇乞い（——訳者注。別れの挨拶《あいさつ》）をしようと思って立ち寄らせて貰いました」と言う。

「そうであれば、今日はもう遅い。今夜は私の家に泊まって、明日出発しなさい」と告げたところ、「では」と言って寅吉は我が家に泊まった。

試みに「常陸国へ行く道を知っているのか。路用（——訳者注。旅費）は持っているのか」と訊ねれば「美成さんに貰いました」と言って、八百文ばかりを取り出した。

そして「私は師に伴われて、多くは空だけを移動していたので、下界の道は知りません。しかし、筑波山を向こうに見つつ[53]行けば、やがて行き着くと思います」と言って、少しも案じる気配がなかった。

哀れに思えて、守屋稲雄に筑波山の麓《ふもと》まで送らせようかなどと相談しているうちに、五十嵐対馬が明日笹川村へ帰ると言って、暇乞いに来た。

そこで私は対馬に、「寅吉がまた山へ行くのに、その道中の順路を知らないそうなのだ。寅吉を笹川に伴ってしばらくお前の家へと留め置き、幽境のことを訊いてみてはどうだろう。笹川から筑波山へはほど近いから、その後、麓まで送ってやってくれないか」と言った。

対馬はいとも簡単に承諾して、ならば明日早くにこちらに立ち寄り、寅吉を連れて行きましょうと言って、旅宿へと帰っていった。

---

53 筑波山を向こうに見つつ　関東平野において、筑波山は重要なランドマークだった。幕末の水戸天狗党が筑波山に挙兵した理由のひとつには、同志の糾合しやすい立地だったことがあるという。

# 家族との別れ

夕方には寅吉の兄、壮吉が来て、弟との別れを惜しんだ。

壮吉は、「母はいたって思い切りがよいが、おれとしては、兄弟が数人いる中でも男といえばお前だけなのだから、一緒に心を合わせて母を養おうと思っているのに、いつ会えるかも分からない境に行ってしまうのは残念なことだ。いつまた帰ってきてくれるのだ」と言って、顔も上げずに泣いていた。

寅吉は瞬《まばた》きもせずに眼を見開いて、兄が涙を拭《ぬぐ》う様子をいぶかしげに眺めると「男は泣くものではない。どう思われようと、おれは因縁あってこうした身となったのだから、今更どうしようもない。おれのことは死んだ者だと思って、母は兄一人で養ってくれ。母の命ある限りは、年に一度は必ず戻って、力になるべきことがあれば手伝う」と言った。

兄はなおも掻《か》き口説いて別れを惜しんでいたが、傍らからも「寅吉は神に見込まれた者なのだから、本人にもどうしようもないことなのだ」などと慰めれば、兄も心得て、涙ながらに帰っていった。

後になって寅吉は言った。「私も親兄弟の別れの悲しいことを知らないわけではありません。しかし、彼の境の習いに、泣くことを固くいましめることがあります。まして未練の心を持って、山入りした後に泣いたりすれば修行の妨げとなり、行をし損なうことになります。そのため、わざと兄につれない態度をとったのです」

これを聞いた者たちは、兄弟ともに道理の通った言い分であって、何とも決めがたいと言って、中には涙ぐむ者もあったことだった。

# 寅吉が去ってから

寅吉が山に帰ってからは心静かになって、十日ばかりは寅吉から聞き置いていたことなどを書き記していた。二十七日に、笹川村に住む私の門人、高橋正雄54という者が来た（原注。字《あざな》を治右衛門という）。

寅吉はどうしたかと訊けば、次のように答えた。

「対馬とともに舟に乗り、十九日の朝早くに笹川へ着き、私の許へも対馬が連れて来たので会いました。寅吉は対馬の家に二十三日まで逗留《とうりゅう》して、彼に呪術祈禱のことなど語り聞かせ、また膏薬《こうやく》を練り丸薬を作る方法などを教えて作っていました。

しかし二十三日の夜中に外から寅吉を呼ぶ声が聞こえ、寅吉はこれを聞きつけて家を出ていったそうです。しばらくして寅吉が家に戻ってきた物音を、家の中で寝ながらに聞いた使用人もいます。

さて、翌二十四日の朝、寅吉は対馬に向かって「昨日の夜、師の許から迎えの者が来たので、今日筑波山へ参ります」と言いました。対馬が「それならば麓まで連れていってやろう」と言えば、「今日また迎えに来ると思います」と言い、しばらくは話などしていたのです。

ところが、何気なく外へ出ていくとそのまま行方が知れず、きっと迎えに来た使いの者と一緒に登山したのだろうということで、その旨を平田先生に伝えて下さいと対馬が言うもので、お伝えに参った次第です」

これを聞き、私は今更のように驚かされたのであった。

---

54 高橋正雄　篤胤門人の一人。治右衛門。下総国香取郡笹川村の人。

# 訪れるもの

こうして童子の評判は非常に高くなり、人々は騒いで口々に噂をしていた。同じ江戸には住んでいても、毎日私の許を訪れるわけではない弟子たちも多く、彼らは童子が我が家にいるときに来合わせなかったことをとても悔しがっていた。

さて十一月の朔日（一日）には、かねて約束していた如く、彼の境の双岳山人（――訳者注。寅吉の師、杉山僧正のこと）と寅吉にも心ばかりの物を手向けて、出立の時に託したことなどを成就して貰えるよう祈った。

ちょうどこの頃、巷《ちまた》では火事が多くて騒がしかったのだが、二日の七つ時（午前四時頃）にも火事があった。家内の者を起こして回り、私も火の見櫓に登って見てみれば、火事が起きているのは本所《ほんじょ》の果てのように見えた。

その辺りには知る人もなかったので、夜が明けるまではしばし眠ろうなどと言っている時、やおら門を叩《たた》くものがある。使用人をやって何事か訊ねさせてみると、寅吉であった。そこで小門を開いて内に入れれば、とても旅とは思えない格好で、笈箱《おいばこ》[55]を背負って入ってきた。

家内の者たち、とくに女たちが、その正体が寅吉だと分かるまで、もしや鬼物ではないかと恐れ戸惑うのも無理はなかった。

さて、どういう理由で今やって来たのかと問えば、寅吉は「笹川に行って五十嵐氏の許に二十三日までいたところ、師が左司間を迎えに遣わされました。そこで二十四日の朝に伴われて山に登ったところ、師は今年、讃岐国の山周りの籤《くじ》番を当てられたゆえ、寒行は休みになったとのことでした。

そして、かねて言っていた通り、また里に出《い》でよとのことだったので、古呂明と左司間とに送ってもらい、只今《ただいま》帰ってきたところです。

初めにご厄介になった縁もあり、まずは美成さんの家を訪ねて呼び起こしたのですが、夜は門を開けてはならない決まりのある家であるから、明日参れと言って入れてくれなかったのです。そこで、こちらに来ました」と言った。

---

55 笈箱　笈、箱笈。修験者などが修行に必要な道具や衣服などを入れて背負う箱。

# 印相に関する問答

十一月九日の日には、ある人（原注。小山田与清のこと）が来て寅吉と色々な件について話をした。その時居合わせたのは、松村完平[56]、竹内孫市、守屋稲雄、岩崎吉彦などであった。松村には、これ以前にも寅吉から聞いたさまざまなことなどを、故郷の土産にしようと書き記したものがある（屋代翁はこれを『嘉津間答問』[57]と名付けられた）。

十日には、今井□□[58]（原注。呼び名を仲という）、伴信友、岩井中務[59]、山崎篤利《やまざきあつとし》[60]、笹川の高橋正雄などが来て、色々な話をしていたが、寅吉もこれに参加していた。皆は寅吉の演説ぶりに感じ入ったものであった。

この日、屋代翁の紹介状を持って倉橋与四郎[61]氏が初めてお見えになり、易のことについて話をした。また印相のことについてもご質問があったのを、寅吉はことごとく印の形を手で結んで伝えたのであった。

十一日にも今井仲が来た。昨日のような議論を、さらに聞きたいということであった。様々な話をした。十二日には、倉橋氏がいらして、さらに印相のことをお訊ねになった。この時に、印相をめぐる寅吉の大きな見識が披露された。

またこの日、美成の許から、「岩間山に近い辺りに住む知人が来ていて、寅吉の噂を聞いて、会いたいと言っています。どうぞ寅吉をこちらに遣わしては下さいませんか」と言ってよこしてきた。

そこで、使いの者に寅吉を同行させたところ、その知人は呪術などを行う人であって、美成が仲介して、寅吉に色々な呪術を教えさせたとのことである。その夜、寅吉は美成の許に泊まって、十三日に帰ってきた。

56 松村完平　平作とも。篤胤門人の一人。大坂道頓堀、丸屋の主人をつとめる商人。
57『嘉津間答問』　原文「嘉津間問答」。松村完平（平作）筆。嘉津間は寅吉の別名。
58 今井　今井秀文（一造）。仲とも。篤胤に学んだ国学者、大国隆正（一七九二―一八七一）のこと。野々口隆正とも。
59 岩井中務　多田蜂次郎。重満、伊予とも。篤胤門人の一人。武蔵国一の宮大宮氷川神社神主（家相続）。
60 山崎篤利　一七六六―一八三八。長右衛門、銀次郎とも。篤胤門人の一人。武蔵国越谷の油商、山崎家の養子となった。篤胤の出版業を経済的に援助していた。
61 倉橋与四郎　勝尚。勘定吟味役等を務めた倉橋与四郎か。

# 荻野梅塢との論争

二十日の夕方に荻野梅塢《ばいう》がやって来て、寅吉について語った。

「彼がこれまで、神仙に仕えたと言ってきたことは全て妄説（――訳者注。虚言）です。つらつらと考えますに、彼は頭脳明晰《めいせき》の者ですから、あちらこちらを徘徊《はいかい》しながら聞いてきたことを、さも幽境（――訳者注。あちらの世界）にて見聞きしたことのように言いふらしていることは間違いありません」

そこで私は、「寅吉の言うことの中には、どこかで聞いてきたことを語っている部分もあるかもしれないが、全てが嘘のようには、なかなか思われない。七韶舞《しちしょうのまい》のこと、仙炮のことなどは、ついぞ、この世のものとは思われないのだ」と言った。

すると荻野は、「それらは全て妄想です。怜悧《れいり》なる童子に限って、妖魔《ようま》に魅入られてそのような状態になることもあるのです。私も童子だった時は、世間で神童と言いはやされたものでした。目に見えないはずの事物の状態を言い当て、いまだ訪れぬ天候の晴雨を知り、リクト[62]（気）すらもが見えたものです。それを人が誉めてくれるのが嬉しくて、今思えば、随分と杜撰《ずさん》なことや妄説も披露してしまいました。

かの童子も同じように、人に聞いたことを山人に習ったとして言いふらしているのは明らかです。たとえば私が初めて出会った時には、全く印相のことなどは知らなかったので、ことごとく私が教えたものです。それを速やかに覚えて、その後、ある家に連れていけば、そこの主人に、私が教えた印相のことを、さも以前から知っていたかのように詳しく語っていました。

この一事をもってしても、この世で聞いたことを幽境で見聞きしたことのように言っていることは推して知るべしです。早く追い出しなさるべきです」と強く勧めてきた。

私もやや戸惑って、しばし答えも返さずに黙っていると、寅吉が隣の部屋から私を呼んだ。何事かと問えば、寅吉は次のように語った。

「今ここで聞いていましたが、荻野氏の言うことは、はなはだしく納得できないものです。私はいまだかつて妄談を言ったことなどなく、あの人に印相の事を習ったことなどもありません。

美成さんの許で初めて会った時に荻野氏は「印相は尊いものだ」ということを言って、「彼の界（――訳者注。仙境）にも印相を結ぶことがあるか」と問われました。

そのため、「尊いかどうかは分かりませんが、師からは、これも世にある術なのであるから、知らなければ万全を欠くこともある。覚えておくように、と言われて教えられました」と告げて、あの人の望むままに、知っている限りの印相を結んで示したところ、非常に感激して、懐紙を出してそれぞれ書き写し、その後にも度々、印相のことを訊ねてきました。

そして、こうしたことをよく知っている分、なおさら惜しいものだと言って、僧侶になれと勧められたのです。これは美成さんもよくご存じのことです。

そういったわけですから、いくら先生の客人ではあろうとも聞き捨てならないことです。このことを証明して恥を見せてやる」と、眼つきを変えて激しく憤った。

そこで、私はもちろん、家内の者たちもさまざまになだめて鎮めたのである。後に、このことの顚末について美成に尋ねたところ、「まことに、寅吉の言う通りでございます」と言った。梅塢はいかなる考えであのようなことを言ったのだろうか。私も未《いま》だに納得がいかないように感じるのである。

62 リクト 「気」を意味する語のようであるが、詳細は不明。

# 全身の精気、油になること

私が寅吉に初めて会った時、その脈や腹を診察した。その際、寅吉の懐に、何か紐《ひも》のついた物があるのに気付いた。寅吉はそれを大切にしている様子であった。その後もたびたび懐の間からその紐が覗いており、きっと守り袋[63]だろうと思っていた。ある時、寅吉がこれを取り落としたのを見ると、黒い木綿の切れ端[64]を畳んだ物のようであった。「それは何だ。とても大切な物のように見受けるが」と私が言えば、寅吉は次のように答えた。

「これは古呂明の頭巾《ずきん》なのですが、下山する時にこれを私に授けると、「お前はしばらく人間の住む世界に出るため、私が長年かぶってきた頭巾を与えよう。寒風の節にもこれをかぶっていれば、邪気に当たることがない」と言いました。そのため、今日まで大切に肌身離さず持ち続けているのです」

そう言って取り出した物を見れば、俗に言う山岡頭巾[65]であって、とても古びて油が付いているように見えた。髪に油を付けて結うわけではない人の頭巾なのに、油が付いていることに合点がいかなかったので、「これと別の頭巾はないのか」と訊いた。
すると寅吉は言った。「これは髪を結うために用いる油ではありません。全身の精気が上がってきて固まり、染みたものなのです。精気というものは滝に打たれれば一旦《いったん》は下がりますが、下がりきってはまた上がり、上がってはまた下がるものなのです。上達した人ほど、上がる精気が強いものです。そのため、この頭巾は我々のような未熟な者たちの邪気除けともなるのです。また水行の時には、必ず手拭いか何かを頭の真ん中に当てて被らなければ、体に寒気を引き込んでしまうものです。これ以外に、この世で見かけない頭巾としては、寒風の時に被るための、薄《すすき》の穂で作った図のようなものがあります」

---

63 守り袋　守り札を入れておくための袋。お守り。
64 切れ端　原文「さい手」。裂帛（さいで）。布の裁ち端。
65 山岡頭巾　主に武士が着用した頭巾。長方形の布を二つ折りにして被り、後頭部にあたるところは縫い合わせてある。苧屑（ほくそ）頭巾。後世の防空頭巾は、この中に綿を詰めたもの。

# 山人の杖

私は寅吉に訊ねた。「杖《つえ》というものは、神の世から伝わる由緒あるものであって、神にも奉ることがあり、また古い神楽《かぐら》の歌にも、「この杖は[66]我がには非《あら》ず山人の、千《ち》歳《とせ》を祈り切れる御杖ぞ」とある。山人も、杖をやんごとなき（——訳者注。高貴な）物としていて、祝詞《のりと》[67]を唱えながら木を切って作るのではないかと思われるが、どうであろうか。それとも、杖は使っていないか」

寅吉は言った。「杖は、朴《ほお》の木を材料とし、棒のように太く作ります。竹の杖もあります。しかし、杖を頼りにして歩行するということではありません。杖を切り出す時に祝詞を唱えるかどうかは知りません」

---

66 この杖は　少しずつ文句は違うが様々な神楽歌に、杖と山人を詠み込んだ同様のものがある。ここでの歌の意味は、おおよそ以下のようなもの。「この杖は私が切ったものではなく、山人が千歳の命を祈って切った御杖である」

67 祝詞　原文「祝言」。のりと。ほぎごと。しゅうげん。祭事の際に唱える、神を褒め称えて祝うための言葉。

# 山周りのこと

　またある時、門人が二、三人ほど集まって、金がないことをしきりに嘆いていた。寅吉は傍らで静かにそれを聞いてから口を開いた。

「山でも言っていることなのですが、人間というものは、世間を助けるための苦労をするでもなく、自分一人のことさえしていればよいように思えます。

　しかし、実際にはそう自由にはいかず、長生きもできず、借金があるとか貸した金があるとか言って、苦労ばかりをしていますね。

　山人は長生きで、ものごとを自在にする力もあり、金の貸し借りをめぐる苦労はありません。しかし世間を助けるのに大変で、あちこちの様子を探るために飛びまわり、暇が少なくて苦労ばかり多いものです。そうすると、どんな立場であっても苦労は免れることができないことのように思えます」

　するとそれを聞いて、一人の門人が言った。「山人というのは、唐土《もろこし》[68]の仙人と同様のものだと聞く。そうであれば、仙人と同じように安閑無為[69]として、神通《じんずう》自在の力をもって好きなように暮らせそうなものを、なんだってそのように忙しくすることが多いのか」

寅吉は言った。「山人というのは、神通自在で山々に住んでいる点では、唐土の仙人と同じようなものです。しかし、安閑無為というわけにはいきません。その訳を説明するには、まず神のことから申し上げねばなりません。

師がおっしゃるには、神というものは全て、人から神と崇《あが》められているのであれば、世のため人のためとなることは何事であっても恵んでくださるものだということです。理由があって成就が難しい願いであっても、千日祈って験がないときには一万日祈れば験があります。

一万日祈って験がないときには、生涯祈るという気持ちで祈願すれば、たとえよこしまな願いだとしても、いったんは験を与えて下さるそうです。

まして正しい祈願であれば、よく信心を徹しさえすれば、叶《かな》わないことがないものだといいます。しかしながら人間の願うことには、自分では道理に適《かな》った祈りだと思っていても、神から見れば多くはよこしまな願いなのです。そのため後になってから、知らぬ間に相応の罰を受けることにもなります。まして、道理を外れた願いと知ってのことであれば、ついに天道[70]より永久の罰が下されるものです。

さて、全ての山々の中に、神のいらっしゃらない山はなく、また山人のいない山もありません。山によって、秋葉山[71]、石（岩）間山などのように、世間でも山人がいることを知っていて、これを天狗と呼んで祈り崇めているところは言うに及ばず、世間では山人がいることに気付いておらず、人知れずその山に鎮座なさっている神に祈ったとしても、そこに住む山人は、祈願を聞いてそれを遂げさせてやるものなのです。

68　唐土　原文「諸越」（もろこし）。異国、とくに中国を指す。
69　安閑無為　何をするでもなく、のんびりと過ごすこと。
70　天道　天地を支配する道理。また、天地を治める神。
71　秋葉山　現在の静岡県浜松市に位置する。八六六メートル。火事を防ぐ火伏の神である秋葉大権現を祀る。古来、秋葉権現の眷属（けんぞく）は天狗であると信じられてきた。

# 山人の忙しさ

たとえば、我が師の本山は浅間山《あさまやま》[72]ですが、世間の人は未だかつて師の名を知らないが故に、祈願のある時には、ただただ浅間神社に祈ります。それでも師は人の願いを聞き受けて、神に祈って遂げさせてやるのです。まして、象頭山《ぞうずさん》[73]の御神のように人気のある神であれば、騒がしく過ごしていらっしゃることは言うまでもありません。

この山には山人や天狗がことに多いのですが、忙しくて手が回らないために、諸国の山々から山人・天狗が代わる代わる行って山周りをしています。それでもなお手が回らないほど忙しいときもあり、また人間の祈願が種々多様なものであって、それらの山々だけでは祈願を遂げてやるのが困難なときもあります。

そうしたときは、我が師であっても誰であっても、まずは自分が願いを聞き受けて、できないことであれば他山の山人たちに回すことになります。場合によっては、申し送りをしていくうちに、どの山での祈願なのかが分からなくなることもあるそうです。

こうした申し送りのうちに、祈願を叶えられる山人が現れた場合は、次々に祈願の出所を辿《たど》っていって成就させるのだそうです。山々から互いに巻物を回して、山人に名前を書かせることも、こうした次第によります。

これは、各山々の山人が、今は自分の山にいるのか、それとも他山にいるのかということを記しておいて、それぞれが得意とすることを依頼し合うためのものです。そのため、この巻物には、いつも他山で称する際の名は記さずに、実名を記す決まりとなっています。

こうした次第によるものですから、山人が忙しく騒がしいというのは申すまでもないことなのです。一つの祈願に対して数百里（一里は約三・九キロメートル）の距離を、数回にわたる飛行で行き来することもあります。常に、どこからどのような祈願の依頼が任せられるか分かりませんから、世の中にあることは何であっても一通り知っておき、準備しておく必要があります。

物事を幅広く知っているほど、あちこちからの依頼が多くなりますが、その分、自然と位は高くなっていきます。我が師は四千歳に近く、知っていることも多いものですから、たくさんいる山人の中でも、とくに用事が多くて忙しいのです。

師が常に苦行をしているのも、ますますの霊妙自在な力を得て、人間の役に立とうとしているためなのです。従って、山人というのは人間よりも苦労が多いものなのです。だからこそ、人間は楽なものだと、常に羨《うらや》ましがられることになるのです」

72 浅間山　現在の長野県北佐久郡、群馬県吾妻郡の境に位置する。二五六八メートル。
73 象頭山　現在の香川県西部に位置する。五二一メートル。現在では隣の琴平山（五二四メートル）とあわせて「象頭山」とも呼ばれ、中腹に金刀比羅宮を擁する。両山は、北西に位置する大麻山（六一六メートル）と地続きになっている。

# 師の名前

私は寅吉に訊ねた。「(――訳者注。寅吉の師が山を廻ることを) 山周りというので、それぞれが山に行って見回り、守護することかと思っていたが、今の話を聞くと、どうやらそうでもないように思える。その様子をくわしく語って聞かせてくれないか」

寅吉は言った。「山周りというのは、自分の山だけに居ることを指すわけではありません。あの山この山と、代わる代わる互いに周っていくので、そう呼ぶのです。去年の極月《ごくげつ》(十二月) 三日から今年の正月三日まで、寒の三十日、師が象頭山にいらしたことも、山周りでした。

象頭山はすでに申し上げたように、たいへん忙しい山である上に、寒中[74]は祈願の人が多くて、とくにこれらの諸願を果たしてやらねばならない時期ですから、毎年、寒中には諸国の山々から大勢の山人が集まってきて、手助けをすることになります。

山人だけでなく、もと鳥獣であったものが変化した天狗までもが集まって手助けを致します。金毘羅《こんぴら》様は山人・天狗全ての長《おさ》のごとくでいらっしゃるので、このようにする定めなのです。しかし他の山々とは違い、こうした賑《にぎ》わいは毎年の寒中ばかりのことなので、普段は山周りに行く人がいません。また金毘羅様は他山の山人のように、本山を出て他山を周るということもありません。

私が知っている限りで師の周られた山々は、象頭山、烏山《からすやま》、妙義山、筑波山、岩間山、大山《おおやま》などです。大山にいらした時は、常昭と名乗っておいででした。

その理由というのは、大山の山人の長が常昭という僧形の方なのですが、かつては人の通わざる杉山という深山に庵《いおり》を結んで住んでいました。それで、師はその庵に住み、その名を借りて称していたのです。いずれの山に行っても、各々は互いに本名は名乗らず、その山の山人の名を称する習慣があるためです。

その後、岩間山に住んでからは、杉山僧正と称されるようになりました。杉山の称号は、大山にある杉山を用いられたものです。僧正というのは、岩間山の山人の名なのかどうか、それについては知りません。

師の双岳という号は、唐土（中国）の山に住んでいらした時の名を用いていらっしゃるとのことです。さてまた、師が金毘羅様の許にいらっしゃったことについては一つの話があります。まず、師に従う山人は、古呂明、左司間を入れて十一人いますが、これに師も入れて十二人のうち、毎年、籤引きにて六人ずつが金毘羅へと赴くのです。

ところが、寒の三十日は山人にとって大切な修行の時に当たっています。一年の寒行を勤めれば位が上がるものを、金毘羅のある讃岐に行ってしまっては一年が無駄になってしまうのです。そのため、誰もが嫌がって代わりの者を頼むなどしていましたが、師が籤に当たられた時には、未だかつて代わりの者を出されたことはなく、古呂明、左司間を連れて、三人で出かけられたものでした。

というのも、師も寒中の行はなさるのですが、すでに行は積んでいらっしゃるが故に、自分よりも下の位にある人の行を無駄にしてまで、我が行をしようとは思わなかったためなのです。

一方で師が籤に当たらなかった時は、古呂明や左司間が籤に当たっても、代わりの者を遣わして、行かせることがありませんでした。この二人に関しては、常に師の左右にいなくては正しく教え難いことが多かったため、このようになさっていたのです。

74 寒中　小寒の初めから大寒の終わりまでの約三十日間。また、冬の寒さがとくに厳しい時期。

# 女嶋のこと

私は寅吉に訊ねた。「ここから□の方角に、夜の国なる国があるというが、そうした所に行ったことはあるか」

寅吉は言った。「それはホックのヂウの国という国でしょう。夏の頃に行きました。太陽の大きさが拳《こぶし》ほどに小さく見えて寒かったものの、雪はありませんでした。薄暗くて、八分がたが欠けた日蝕《にっしょく》の時はこんなものだろうかと思われました。太陽はちらちらと縦に動きつつ、西に没するようであり、夜ははなはだ長く思えましたが、月の見えない時だったので、月の様子は知りません。

地面には幾筋も溝川《どぶがわ》を掘ってありました。この国は太陽の見えない時もあるので、水の光を借りるために川を掘ってあるとのことでした。五穀もそれ相応に収穫できる国と見え、麦を刈ってありました。また稲も出来ると見え、道の間に稲が置いてあるのも見ました。木や草もありました。

人の様子はだいたいが痩《や》せこけていて背が高く、頭は小さく鼻が高く、口が大きくて手足の親指が二本ずつありました。衣服についてはよく分かりません。家は無く、穴に住むように見受けました。しかし、この国にいたのは長くなく、それから女嶋[75]へ渡ったので詳しいことは分かりません」

私は寅吉に訊ねた。「女嶋はその国から見て、どちらの方角にある国で、その国の様子はどのようなものであったか」

寅吉は言った。「女嶋は日本から海上四百里（約一六〇〇キロメートル）ばかり東方にあります。家は作らず、山の横腹に穴を掘り、入り口は狭く、中を広くしつらえて、入り口の所にわずかに木を渡し、昆布を敷いて雨を防いでいます。

日本の女と違うところはありません。髪はくるくると巻いて束ねています。衣服は、海はばき[76]のようなゆるやかなもので、海にあるのを採って筒袖《つつそで》のように組み織ったものを着て、衣服を着用したままで海に入って、魚や昆布を採って食べています。

海から上がって体を震わせれば、着物についた水は全て散って落ちるようになっています。これは、火で燃やしても傷まないものだといいます。この国の昆布は茎の太さが人の太腿《ふともも》ほどもあります。それを二つに裂けば、中にぬらぬらとした水があり、それをとって煎《せん》じ詰めてわらび餅《もち》のようにして食べることもあります。

さて、女ばかりの国なので、この国の者たちは男を欲しがり、もし漂着する男があれば皆で打ち集まって食べてしまうとのことです。

懐妊するためには、笹の葉を束ねたものを各々の手に持って、西の方に向かって拝し、女同士で互いに夫婦のように抱き合って孕《はら》むそうです。ただし大抵、子を孕む時期は決まっているとのことです。この国には十日ばかりも隠れ暮らし、様子を見ていました」

75 女嶋　江戸期の日本には女護島（にょごがしま）や女護国などという、女性だけが住む島の伝承があった。井原西鶴『好色一代男』、近松門左衛門『平家女護島』、曲亭馬琴『風見艸（かざみぐさ）婦女節用』など、文芸作品にもたびたびこうした島が登場する。
76 海はばき　不詳。海のホウキグサを意味する海藻か。

# 岩間十三天狗

私は寅吉に訊ねた。「岩間山の天狗のことを、その辺りの知人に訊ねてみた。すると、ずいぶんと古い時代には五天狗と言っていたが、次々と祀《まつ》る対象が増えて十二天狗と呼ばれるようになり、後に長楽寺[77]が加わり首領となってからは十三天狗と称するようになったという。これはまことのことであろうか」

寅吉は言った。「古い時代のことは知りませんが、今、世間で岩間山の天狗を指して十三天狗と称していることに関して申せば、実際には十三人の山人がいるわけではありません。

人の亡霊が変じたものと、生きた身体のままで変じたものとが合わせて四人ばかりあります。そのほかは、鷲《わし》や鳶《とび》、また獣などの変じたものが多いのです。

これらのうち、人の形をしたものは長楽寺だけです。長楽寺が首領となったのは、次のような次第によります。最初は、十二天狗たちが長楽寺を手下に引き入れようとしていました。

ところが、長楽寺はその頃の岩間山の別当（――訳者注。寺院の役務を総括する僧職）の知り合いであり、また、もとより頑強な人で、なおかつ尋常ならぬ霊威の持ち主でもあったため、逆に十二天狗たちは押し伏せられてしまいました。そこで、十二天狗たちは長楽寺をとくに敬って第一となし、長楽寺が彼らの首領の座におさまったのです。

人でなかった物が変じた天狗は全て、人の言語も通じ、様々なことを自在にする術も行えます。しかし人に比べてしまえば、さすがに甚だ愚かな物ではありますので、長楽寺に押し伏せられてしまったのです。長楽寺は、三十歳余りに見える山伏姿の人です。

ところで、我が師は岩間山にいらっしゃる方ですので、長楽寺をはじめ、岩間山のそのほかの天狗たちも全て、その命令をきくことになります」

77 長楽寺　現在の茨城県石岡市大字龍明（旧・八郷町狢内）に位置する真言宗の寺院。現存。ここでの「長楽寺」は、長楽寺の住職だった僧侶のことを指している。

## 鉄を食う獣のこと

ある日、人々と色々な話をしている中で、中《なか》村乗高《むらのりたか》[78]の集めた奇談の書[79]に、ある人の娘が鉄を食べる病を患った話があることを聞いて、寅吉は言った。

「鉄の出る山に生じる、怪しいものがあります。それが生《な》り始めるときには山蟻程度の大きさで、虫のような形をしており、鉄ばかりを食べます[80]。はじめの内、小さい時には砂鉄を食い、大きくなるに従って釘《くぎ》、針、火箸《ひばし》など、何であっても鉄でできた物を食べて育ちます。形は図のごとく、毛は針金のようです。

師がこれを飼い置いて試されたところ、おび

鉄を食う物の図

ただしく鉄を食い、馬ほどの大きさになって、その体からは自然に火が出て焼け死んでしまったといいます。名前をなんというかは知りません。これを麒麟《きりん》だという人もいますが、はたしてどうでしょうか。

また、これに関連して思い出したことがあります。猿が長い年を経ると、すさまじく大きくなって立って歩き、頭に長い髪を生じて目はたいそう光り、自在の術（——訳者注。超常的な力）を得るそうです。

数千年を経ると体からは自ら火を出して、今までの体は全て焼けるといいます。そうすると、その体内より別に、人間と変わらない毛のない体が出てきます。しかし、やがてまた猿の体になって猿の群れと交わるようになるのです。これについては、師から「こうしたものの変化《へんげ》も見ておけ」と言われて、焼けた体の中から人の形で生まれ出てくるところを見せられたものです。これを「もぬけ」というのだそうです」

---

78 中村乗高　篤胤門人の一人。遠江国天宮村（現在の周智郡森町）天宮神社の六十六代神主。遠州近辺の奇談などを収録した『事実証談（ことのまことあかしがたり）』（五巻）を出版。

79 奇談の書　乗高は篤胤に『事実証談』の草稿を送り、篤胤は文政元年に序文を寄せた。五巻末尾には刊行予定だった巻を含む目録が掲載されており、そこには未刊に終わった部分に関する以下の記述が見える。「異病部　是は諸人の難病、異病、或は鉄石を食せし病、其外奇病、

変病の類を集めしるす」（宮本勉翻字・解説『事実証談』羽衣出版）

80　鉄ばかりを食べます　明和四年（一七六七）刊『新説百物語』に「針を喰ふ虫のこと」という話があり、この虫は最後に焼き殺される。また日本の『宝物集（ほうぶつしゅう）』その他にも影響を与えた、呉の康僧会による漢訳仏典『旧雑譬喩経』にはすでに、鉄を食い焼き殺される猪のような獣「禍」の説話が載る。中国の「獏」（『爾雅』郭璞注）や鉄を食う兎（『拾遺記』）、朝鮮半島に伝わる「プルガサリ」（「不可殺」の意）なども鉄を食べる性格を持っており、こうした発想は大陸から伝わってきた可能性が高い。

# 異界の着物

私は寅吉に訊ねた。「師が寝られる際には、夜具（——訳者注。寝具。布団や寝間着の類《たぐい》）を着るのか。あるいは、起きていた時の姿のままで寝られるのか」

寅吉は言った。「夜着も布団も枕もあります。師はゆるやかに、十日も二十日も高いびきでお休みになることがあります」

私は寅吉に訊ねた。「夜着や布団はいったい何で作るのか。こちらの世界のものと違いはないのか」

寅吉は言った。「婆《ばあ》が懐《ふところ》の織物を二重にして、薄《すすき》の穂を扱《しご》き、これをたくさん入れて綴《と》じた夜着や布団を使います。形はこちらのものとほとんど変わりません」

私は寅吉に訊ねた。「枕は何を使って、どのような形に作るのであろうか。もしかして、菰《こも》で作った枕はないか」

寅吉は言った。「枕は麻の綴《つづ》り枕で、中に入れた物といえばなんでしょうか、ガサガサという音がしていて、藁《わら》のように思われます。頭の病を患わないようにする薬になるものだといいます。菰かもしれませんが、分かりかねます」

私は寅吉に訊ねた。「婆が懐というのは、いったいどのような物なのか」

寅吉は言った。「山にも野にもある藁草で、茎葉をむしると乳のような白い汁が出るもので、小さく白い花が咲きます。実は蕃椒《ばんしょう》（――訳者注。唐辛子）を四つほど合わせたような形をしています。その実は、秋になれば割れて、中から木綿のような物が出てきます。これを指して、婆が懐というのです」

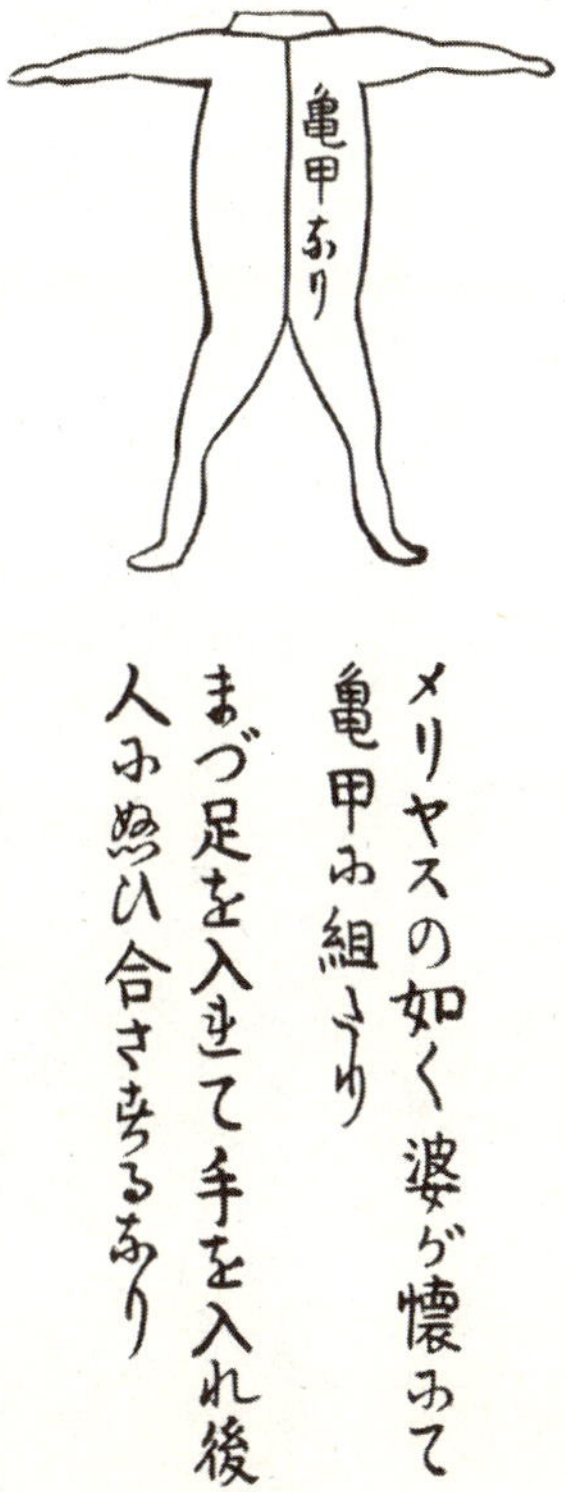


異界の着物
「亀甲なり」「メリヤスの如く、婆が懐で亀甲に組んだもの」「まずこの中に足を入れて、手を入れた後、人に縫い合わさせるのである」

私は寅吉に訊ねた。「婆が懐をどのようにして、衣服になるよう仕立てるのか」

寅吉は言った。「大帛（──訳者注。絹）の糸が太いものを五、六尺（約一・五一一・八メートル）ずつに切って、竹に弓弦のごとくに張って、麻糸または木綿糸で太く縒《よ》り合わせます。そして糊《のり》を引いて婆が懐をよく打ちならしたら、これをしたたかに縫りつけ、干します。こうして、こちらの世界における夏襦袢《じゅばん》の如く、こよりで作った大変細かいものを図のように組むのです」

# 時の速さと長命の関わり

私は常に著述の仕事に必要となる用事が多く、それに合わせて来客も頻繁に訪れる。毎日のように、一日も一年も短いものだと言っていると、これを聞いた寅吉が言った。「それはとてもよいことで、長生きする相のあらわれです。それは、師がこうしたことをおっしゃっていたことによります。

「私は、二年の間を過ごすのを、常人が過ごす一日ほどの間に感じる。そのように時間を短く感じるのは、私の寿命が長いからである。虫や鳥は命が短く、中でも蜉蝣《かげろう》などという虫は、朝に生まれて夜には死ぬものであるが、命が短いなどとは思っていない。

これは、もともと短命に定まっているからである。命が長く、世に功績を残す人ほど、年月を短く感じる。これは、為《な》すべきことが成就する証《あかし》なのである。

たとえば五十歳で死ぬとしても、それはその人が知らないだけで、四十歳位で死ぬさだめがあったものの、それよりは生き延びているのだ。何につけても、世に功績を立てることが、命を延ばす方法なのである」、このように師はおっしゃっていました」

この説は、まことにそうであろうと思われる。かの仙境に行って囲碁の対局を見ていた樵《きこり》[81]が、長い年月を過ごしていたのに一日のように思っていたのも、命の長い仙境にいたからであった。この理《ことわり》をよくよく考えるに、命の長い人ほど、年月を短く感じるというのは、実に本当であろうと思う。

81 囲碁の対局を見ていた樵　中国の『志林』、『述異記』、『晋書』等に記される説話。

## みそぎとみそはぎ

「水を清ませる物の図」「赤絹糸で編む」

私は寅吉に訊ねた。「師は外国への旅から帰られた時、また穢《けが》れに触れた時など、禊祓《みそぎはら》いの神事をなさることはないか。また、お前などが、こちらの世界へ来て過ごしていた後で山へと帰る折に、人の世界にて受け入れた火を浄《きよ》める業や、禊などをさせることはないのか」

寅吉は言った。「禊祓いの神事というのはありませんが、師が穢悪《あいあく》（――訳者注。けがれ）に触れられたときは、川に着物を流し、また、鼠尾草《そびそう》（ミソハギ）によって、図のように硝子《ガラス》の玉を付けて作った物を持って、「日向の御柱」と何度も唱えながら、身の穢れを祓われることはあります。

また、瀉水《しやすい》の法（原注。水の字をかくこと）を行う時にも、それに水を含めて使われることがあります」（原注。いつもの祓い物としては、笹に神馬草と塩だとのこと）。

竹の枝で図のように作り、赤い絹糸で編み、籠のようにしてから、中に神馬草と、何やら明礬《みょうばん》に似ている物を入れたものです。神に供える水は、これをもって攪《か》き回して奉ります。水をよく澄ませる物だといいます。

# 穿山甲、千山鯉

またある日、人々が打ち集まって色々と話をしているうちに、何を作るにはこれこれこうして、また何を作るには云々《うんぬん》、などと語るのを聞いて、寅吉が言った。

「穿山甲《せんざんこう》[82]の粉と小麦粉を合わせて池に入れれば、多くの鮒《ふな》が生じます。[83]また、麦のふすま（――訳者注。製粉の際に出る外皮など）を泥の中に埋めておけば、泥鰌《どじょう》が生じるということです。饂飩粉《うどんこ》を炒《い》って鮒の形にし、穿山甲の毛と肉の粉を塗り、古池に埋めておけば、鮒になるそうです。穿山甲というものは鯉の変化したもので、子も産むそうです」

千山鯉の図

寅吉がこう言ったので、人々は笑って、「それは信じられないことだ。穿山甲は外国にいるもので、この国にはないものだ」と言った。

すると寅吉は言った。「いや、この国にもおります。これが鯉の変化したものであることは、私自身がまさしくたびたび見たところです。鯉は、誰もが知るごとく滝に登るものですが、それを、鯉が竜になり天に昇るなどと言うのは正しくないことです。鯉が千山鯉《せんざんこい》というものになる次第は、次のようなものです。鯉は滝を登る勢いで山へと跳ね上がり、草原にころころとしています。それが日数を経ると丸い形になり、四つの鰭《ひれ》、四つの足を持つようになって甲羅を生じ、鱗《うろこ》の間から毛が生えてきて、図のようになって這い歩きます。

千山鯉は山の水たまりに棲《す》んで子を産むのですが、その生まれた子こそが、まさに穿山甲なのです。もとは鯉であったものであるが故に、殺して肉や腸《はらわた》を見れば、鯉のそれと同じようであり、肝も鯉のようであります。穿山甲が唐土（外国）にのみ生じるものと思っているのは、大変狭い見識なのです」

82 穿山甲　センザンコウ。鯪鯉とも書く。全身が、毛の変化した鱗で覆われた哺乳類。アフリカから東南アジアにかけて分布。日本には分布しない。

83　多くの鮒が生じます　前近代の中国や日本においては、無生物から生物が生じたり、季節に応じて生物が別種の生物に変化したりすることが広く信じられていた。鳥が貝になる説などが代表的なものである（『礼記』月令）。

84　鯉が竜になり　中国には黄河の急流「竜門」を登った鯉が竜になるという伝承があった。この伝承は立身出世をめぐる「登竜門」の故事（『後漢書』李膺伝）を通して日本でも広く知られていた。

## 鷲、河童にさらわれる人

倉橋氏は訊いた。「異人に誘われたというある人が語るには、鷲《わし》や河童《かっぱ》などにさらわれる人には、何かそうなるような因縁があるとのことだった。こうした説を聞いたことはないか」

寅吉は言った。「鷲や河童などにさらわれる人は、両方の肩に、青く光る丸い玉のように動くものがあります。これが体の中に長くあると、悪い病気を生ずるということを聞いたことがあります」

また質問するに、「鷲に取られない場合は悪い病になるというが、青い玉を取り捨てる方法はないのか」

寅吉は言った。「師はその病根を取り去る方法をご存じとのことでしたが、私はいまだその方法を知りません」

# ナンジャモンジャの木

寅吉が木を削って笏《しゃく》[85]の形にしたものが欲しいというので、何の用に使うのかと訊いたところ、次のように答えた。

「彼の境では、深くものを考える時にはいつも笏を持ち、これにあごをかけて思索するものです。こちらの世界でもそうしたら、よい考えが出てくるかと思ったのです」

そこで、私の持っている木材を取り出して、「この木を知っているか。これで作っ

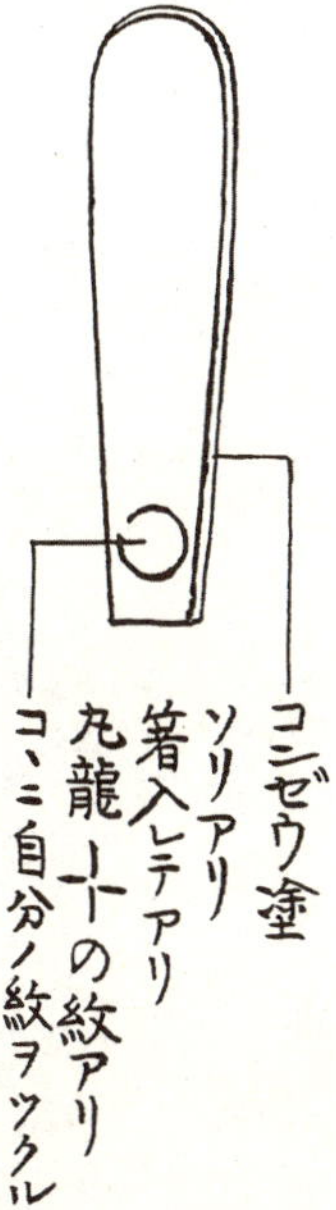


笏の図
「紺青塗　反りがある　箸を入れてある　丸竜の紋あり」
「ここに自分の紋を入れる」

てみてはどうだろうか」と言った。これは、私の弟子である下総国（現在の千葉県）神崎《こうざき》社の神主、神崎光武[86]に頼んで、かの社の神木の一部を譲ってもらい、所蔵しているものである。俗にこの神木を、ナンジャモンジャ[87]という。

するとと寅吉は、いつも見慣れぬものにしているのと同じように匂いを嗅《か》いで、次のように言った。「これは神崎社のナンジャモンジャの木でしょう。これは楠《くすのき》の種類の老木だということを、師から聞きました。いかにも楠の類《たぐい》の強い香りがしますので、煎じれば樟脳《しょうのう》がたくさん出てくることでしょう」

---

85 笏　貴族や神職などが持つ木製の細長い板。古くは備忘の為に書き付けを貼るなどしたが、後に儀礼用の意味が強まった。
86 神崎光武　神崎播磨守。篤胤門人の一人。下総国香取郡神崎社の神主であった。
87 ナンジャモンジャ　アンニャモンニャとも。日本各地で樹種の判然としない大木に付けられた名称。神崎神社のナンジャモンジャはクスノキであり、現在、国の天然記念物に指定されている。

# 浜町、使用人の神隠し

私は寅吉に訊ねた。「以前聞いた話に、江戸浜町《はまちょう》にいる、ある人の使用人が、異人に誘われて二年ばかりも帰らなかったというものがある。帰ってから語ることには、源為朝《みなもとのためもと》や源義経《よしつね》などに逢《あ》ったということである。お前は、こうした人々、また彼らのほかにも古い人々に逢ったことはないか」

寅吉は言った。「私はそうした古い時代の人々に逢ったことはありません。しかし、師が語っていた中で、義経などが今も生きているということは聞いたことがあります」

# 天狗と大杉明神、弘法大師

私は寅吉に訊ねた。「俗に、常陸国の阿波《あば》大杉《おおすぎ》大明神[88]のことを、義経に従った常陸《ひたち》坊海尊《ぼうかいそん》[89]だといい、この人は今も生存していて仙人になっているということが『会津《あいづ》風土記《ふどき》』[90]という書物にも載っている。彼の境で、こうした説を聞いたことはないか」

寅吉は言った。「大杉大明神は、鷲が天狗に変化したものを祀《まつ》ったということは聞いたことがありますが、常陸坊というものについては聞いたことがありません」

私は寅吉に訊ねた。「弘法大師《こうぼうだいし》[91]は今も生きていて、四国をはじめ諸国を廻《まわ》っているという。あちこちの土地に、この僧が為したと思われることがあると聞いている。彼の境において、こうしたことは聞いたことがないか」

寅吉は言った。「弘法大師に関するそうした話は、未だかつて聞いたことがありません。

ただし、弘法が天狗になったということは聞いたことがあります（原注。弘法が初めて天狐《てんこ》を使ったということ）」

88 阿波大杉大明神 大杉神社。現在の茨城県稲敷市阿波（あば）に位置する。眷属神である天狗や、常陸坊海尊にまつわる信仰を有する。享保十二年（一七二七）、江戸に大杉明神（あんば大杉）が飛来したという噂が広まり、一種の流行神となった。

89 常陸坊海尊 『平家物語』等に登場する源義経の家来で、武蔵坊弁慶らと義経の都落ちに同行したが、義経の死後も生き延びる。その後不老不死になったという伝承が各地に伝わる。後世、源平合戦について語る老人「残夢」を、人々が海尊と信じていたともいう（林羅山『本朝神社考』）。

90 『会津風土記』 会津藩主、保科正之の命により編纂された寛文六年（一六六六）成立の藩撰地誌。

91 弘法大師 平安時代初期の高僧にして真言宗の開祖、空海。七七四―八三五。学僧として唐にわたり、密教をはじめとした様々な知識や技術を日本に持ち帰った。入定に際してその身を失することなく、今も高野山の奥の院で禅定を続けているとされる。また入定後、諸国行脚を続けているとも伝えられる。

# 狐使い、狐つき

私は寅吉に訊ねた。「小田原最上寺《おだわらさいじょうじ》（最乗寺）の道了《どうりょう》権現、秋葉山《あきはさん》の三尺坊《さんしゃくぼう》、妙義山の法性坊[92]などと、師の間に交流はないのか」

寅吉は言った。「これらは真《まこと》の天狗たちであって、専ら仏道を崇める方たちですから、我が師などとは志や目的が異なるためか、交わることはないようで、詳しいことは聞き及んだことがありません」

私は寅吉に訊ねた。「□□□□という書物に、かくかくしかじかという記事がある。また、狐を使う者も世に多くあると聞くが、どうやって使うかについて、聞き及んではいないか」

寅吉は言った。「狐が人の首を頭の上に戴《いただ》いて北斗[93]（——訳者注。北斗七星）を拝してから妖術を得るということは、書物にはあっても、信じがたいものです。狐や狸、猫などが妖を為すことは皆、そうしたものの天性に沿っているだけのことなのです。北斗を拝んでいるからではありません。

さて、狐を使うには、まずこれといった狐を見立てて願（――訳者注。願い）を起こします。鼠を胡麻《ごま》油で揚げて、私に仕えれば時々これを与えてやろうと約束してから使うといいます。おおよそ、こうした邪法などは、仏道で様々なものを使役して法を行うのを真似て、後世に行われるようになったのだと聞きました。

全て、こうした悪法を知っていて私利私欲の為に用いる者は、神にとても憎まれるものであり、後々のためによくないことです。たまたまこの世において刑を免れたとしても、死後には妖魔の仲間と成り下がって、長く神明の罰を受けることになるのです。

また、こうした邪法を行っていることに気づかず、その修法を授けられて用いている人であっても、妖魔の糸にかかってしまった罪を蒙《こうむ》ることになってしまいます。しかれば法術というものは、行う人もよく選んで正しい法を行い、授けられる方の人も、法術を行う人をよくよく選んでから受けるべきものであると、師はおっしゃっていました。私が呪禁《じゅごん》祈禱を好まないのも、こうした理由によるものです。

それは、私が無知であってその選び方が未だよく分からないからなのです。邪法から出てきた術が混じっていることを知らず知らずのうちに行ってしまい、自分も人も罪をおかしてしまうのではないかと思うと、恐ろしいのです」

92 妙義山の法性坊　本書下巻一には、上野の妙義坊、比叡山の法性坊とある。これらは『役行者御伝記』等に載る。ただし『木曾名所図会』によれば、上野妙義坊の前身は比叡山座主だった法性坊だという。

93 北斗　唐・段成式『酉陽雑俎』等には、狐が頭の上に人の髑髏を戴いて北斗を拝し、髑髏を落とさなければ人に化けられるようになるという説が載る。ここでは、こうした記事について語っているものと思われる。

# 山中の妖魔

私は寅吉に訊ねた。「山中で暮らしている時に、何か恐ろしいものを見たことはないか」

寅吉は言った。「恐ろしいものといえば、妖魔です。人の心の隙を窺《うかが》っていて、よくない道に引き入れようとするものですから、これほどに恐ろしいものはありません。

このほかにはさして恐れるべきものもないのですが、ある時、一人で山奥を歩いていると、足元から団子ほどの大きさの、白い光り物[94]が現れて、目の前を横にひらひらと飛び始めました。だんだんに大きくなって、よく見れば人のようでもあり、また鬼のようにも見えて、その正体を見定めがたいものでした。

それは消えたり現れたりを繰り返すので、気味が悪くなって、地面にうずくまり、額のところで十字を切ったところ、しばらくして消えた、ということがありました。狐狸《こり》[95]の類が起こしたことだったのでしょう」

94 光り物　正体不明の発光現象を指して言う。飛び物、人魂、鬼火。
95 狐狸　妖怪の総称。狐か狸か、あるいは別の妖怪なのか判断できない場合に使われる。

# 妖怪「ノブスマ」

また困ったことと言えば、□□にとりつかれた時です。月夜のことでしたが、師の命を受けて山道を通っていると、月の光で見る景色の中、向こうから風呂敷《ふろしき》ほどの大きさの物がひらひらと飛び来るのが見えました。

向こう二、三間（約三・六―五・四メートル）の距離と思っているうちに、素早く、ついっと飛び来たって顔に張り付こうとするので、急いで両手を顔に当てました。するとその上にとりついて、頭をすっぽりと覆ってきたのです。

鼬《いたち》ほどの大きさのもので鰭がありましたが、風呂敷のようで、節々には爪があり、しがみついて固く締め付けては私の息を止めようとします。幸い、両手を顔に当てていた上にとりついていたので、その手を浮かせて、引き離してから打ち付ければ、難なく殺すことができました。

私が引き離そうとするのに、離れまいとして固く取りついていたものを無理やり剝《は》がしたので、その爪によって、頭から顔の辺りまで引っかかれてしまいました。あれは何という物なのでしょうか、とても憎い物です」

寅吉がこう言うので、「それは俗に鼯鼠《のぶすま》[96]という物であり、漢名は□□というのだ」と、かねて蔵していた図を出して見せてやれば、「まことにこの物でした」と言った。

96 鼯鼠　ノブスマ。山中で人の顔に飛びついて覆い隠すという妖怪あるいは生物。江戸期、すでにムササビの類だと思われていた。江戸期の百科事典『和漢三才図会』は「鼯鼠」に「むささひ」と「のふすま」両方の訓みをあてる。また鳥山石燕『今昔画図続百鬼』も「野衾（のぶすま）」を「鼯（むささび）」だとしている。

# 空飛ぶ船

屋代翁が寅吉に次のようなことを話された。

「去年の□月のこと。淡路国《あわじ》（現在の兵庫県淡路島）の雁金屋《かりがねや》なにがしという、かねてから金毘羅《こんぴら》を信仰している者が、金をいくばくか懐に入れて、連れの男たち五、六人と船に乗り、大坂に渡ろうとして漕《こ》ぎ出した。

ところが海上でその男たちは、主人を殺して金を奪おうと画策し、主人を縛り上げると碇《いかり》を付けて海に沈めてしまった。すると、その沈められた頃と時を違《たが》わずして、自分の家の奥の間に、碇を付けられたままの状態で帰されたのである。

家内の者はこれを見て大いに驚き、どうしたことかと訊いたところ、主人は正気を失ったようであって、ここはどこだと言った。家内の者は、ここはあなたの住居《すまい》ですので、心を落ち着けて下さいと言い含めつつ、色々と介抱をしていると、しばらくあってようやく正気に戻り、ことの顚末を語った。

そして「沈められるまさにその時、一心に金毘羅を念じていただけであって、その後のことはよく分からない。まさに、かの神がお救い下さったのだ」と感涙を流しては恐縮した。顚末を訴え出たところ、かの男たちは皆、捕らえられて、奪われた金も少しも失われずに戻ってきたという」

続けて屋代翁は、「これは一体、どのようにして家に帰り着いたのだと思うか」と訊いた。

すると寅吉は言った。「それは神の恵みです。沈めかけられるまさにその時、船を潮とともに大空に引き上げ、主人は家に帰して、船は元通りに海に返しなさったのでしょう。神の御業《みわざ》には、そうしたこともあるものなのです」

この時、屋代翁は手を打って「実にその通り」と言い、『龍宮船』[97]という書物に記してある、船が空中を行く物語を語られれば、寅吉もなるほどと言って感心していた。

97『龍宮船』 張朱鱗（後藤梨春）作の滑稽本。全四巻、宝暦四年（一七五四）刊。

# もう一人の仙童

　これは私の書いた『玉襷《たまだすき》』[98]に詳しく記した話である。

　寅吉とは異なるある童子が、異人に誘われていなくなったことがあった。両親が血の涙を流して氏神に祈っていると、四、五日経ってから帰ってきた。童子は次のように語った。

　連れていかれた所は、どこの山とも分からなかったが、異人が多くいて、剣術などの稽古《けいこ》をしていた。時々は酒を酌みかわすこともあって、その盃《さかずき》を、遠く谷を隔てた山の頂などに投げて、「いますぐに取って来い」などと言う。

「どうやって私があの山に登り、取ってくることができましょうか」と断ろうとすると、怒って谷底に突き落とされた――と思うと、何ということもなく、やがてその峰にたどり着き、盃を拾って異人の前に戻ってきている。

　全て、このような調子で使われていたのだが、昨日になって「お前の産土神《うぶすなかみ》[99]が、ねんごろにお前を返すべき理由を言って寄越したので、留め置くのが難しい」と言われて帰された、と語った。

98 『玉襷』 童子の神誘いに関する部分は篤胤『玉襷』からの引用である。
99 産土神 鎮守の神。自らの治める土地で生まれた人を守護する。

# 河童のこと

上杉六郎篤興[100]が語ったこと。越後《えちご》国（現在の新潟県）蒲原《かんばら》郡保内《ほない》という所の川で、夏の頃に人々が水を浴びていると、一人の男が河童に引かれそうになった。その人は声をあげて「私は今、河童に引かれています。みなさん助けて下さい」としきりに叫んだが、周囲の人々は怖がって誰も近寄らず、逃げて川から上がってしまった。

その男は足を引かれて、だんだんと深みに入っていったが、水が粘って手足がうまく働かず、あやうく河童の穴に引き入れられそうであった。男が一心に氏神八幡宮を念じていると、どこからともなく空中から、「その水に鬠《かじ》りつくべし」という声が、二声ばかり聞こえてきた。そこでその通りにすると水が粘らなくなり、体も軽くなって、河原まで泳いで帰ることができた。これはとても予測できないことだと語った。

100　上杉六郎篤興　上杉（上椙）六郎（八郎）。越後に住む篤胤門人の一人。菅兵衛、憲興とも。良寛と親交があり、その歌を『木端集』にまとめた。

# 妖怪「蓑虫」

寅吉は河童の話を聞くと、私に「蓑虫《みのむし》[101]というものを知っていますか」と訊いてきた。そこで、「それは木にくっついて、塵《ちり》を集めては蓑のような巣を作っている虫のことだろう」と答えると、「木につく蓑虫のことではありません。それとは別に、蓑虫と称するものがあるのです」と言った。

寅吉は言った。「それは山中にあることで、私もしばしば取り憑《つ》かれました。その姿はなんというものでもなく、体から青い光が蓑を着たように燃え出でて、その光がちらちらと飛び散るのです。初めて出くわした時は、一体どうしようと慌てて、燃える衣服のそこかしこに齧《かじ》りついたところ、光は消えました。

師にこのことを伝えると、「それは齧りついて止ませるほかに仕方のないものなのだ」と言われました。蓑虫という名も、この時初めて聞きました。その後は、いつもさきほど言ったようにして光を消していました。神が、河童に引かれた人に水に齧りつくよう教えたのは、きっと何か意味のあることなのだと思われます」

101 蓑虫　蓑に付くという蛍のような怪火。橘崑崙『北越奇談』に「蓑虫の火」に関する同様の記事がある。また鳥山石燕『今昔百鬼拾遺』には「蓑火」と題した妖怪画がある。

# 妖怪「豆つま」

ある日、門人たちに「火の穢《けが》れというのは、伊邪那美命《いざなみのみこと》が火の神を産みなさった後の物[102]から起こったものだ。京都の愛宕《あたご》神社は火の神である迦具土命《かぐつちのみこと》を祀ったものだが、火の穢れを忌みなさる中でも産火[103]をとくに嫌う。伊勢神宮の御定めでも、産火を重い穢れとしており、胞衣《え》[104]を納めた（――訳者注。地中に埋めた）者の穢れを□日と定められたのもこのためである」などと語り聞かせていた。

すると傍で寅吉がこれを聞いていて、「豆つまというものをご覧になったことがありますか」と言う。そこで「それはどういうものか」と訊ねたところ、寅吉は言った。

「豆つまとは、出産の時の穢物[105]や胞衣から出て来る物であり、その人の生涯に妖（――訳者注。よくないこと）を為します。とくに子どもの時に禍《わざわい》を為すものです。

その大きさは四、五寸（約一二―一五センチメートル）ほどで、人と変わらぬ形をしています。甲冑《かっちゅう》を着て太刀を佩《は》き、槍《やり》や長刀《なぎなた》などを持って小さな馬に乗り、座敷の上に数多く現れて合戦を始めると、太刀どうしのぶつかる音などが聞こえるのです。

甲冑も普通の人間が用いるものと異ならず、光り輝いていて、非常に見事で面白いものです。このほか様々なわざを現しては子どもを誑《たぶら》かし、悩ませる物です。しかし、何かしら物を持って打ち払えば、座敷に血が付いて消え失《う》せるのです。

これをたびたび見たことがあったので師に質問したところ、「それは豆つまという物で、出産の穢物や胞衣から成っている。そうした穢物などを納める時に、精米を入れておけば、出て来ないものだ」と教えられました（原注。豆つまは、丑寅《うしとら》の方角からも来る。また、産の穢物は、窮奇《かまいたち》[106]（鎌鼬）にも化《な》るという）。

さて、鼹鼠《もぐらもち》（――訳者注。もぐらの古名。）という物も、胞衣や出産時の穢物から成るものだと思われます。それというのも、ある時これらの穢物などを納めた場所を知らずに、納めてから三十日ほど過ぎたものを掘り出したことがあるのです。

土器の中には一寸（約三センチメートル）ばかりの鼹鼠が十五、六匹ほどいました。これを切り殺してみると、腹の中は全て血が詰まっていました。天日を恐れて死ぬことなどを考え併せてみても、出産による穢物の変化したものだろうと思われるのです。

これらが庭の土などを掘って盛り上げるのは憎らしいものの、仕方ないことです。ただし海鼠《なまこ》に縄を付けて、「鼹鼠どのはお宿か。海鼠どののお見舞いじゃ」と唱えつつ、鼹鼠が土を掘った辺りで引き回せば、穴を掘り上げることがなくなるものです」

102 後の物　後産（あとざん）のこと。出産時に娩出される、胎児を包んでいた膜や胎盤。
103 産火　さんび。出産のあった家の竈の火。重い穢れがあるとされた。
104 胞衣　胎児を包んでいる膜と胎盤。後産。出産時に娩出された胞衣を容器に入れて地中に埋めることにより、子どもの生命が守護されると考えられた。
105 出産の時の穢物　出産時に娩出されたものが怪異を為す説は多い。血塊（ケッカイ）、ゲッケなど。生まれたばかりの子が怪を為す場合は鬼子とも呼ばれる。
106 窮奇　鎌鼬（かまいたち）。突然、人の体に切り傷が出来る現象。また、それを起こすと考えられていた妖怪。究奇。

# 「豆つま」に似たこと

豆つまのことは実に奇談というべきことで、古書にもこれと思い合わせるべきことがある（原注。『聊斎志異』[107]にも豆つまの事がある）。

それというのは『今昔物語』[108]に載る話である。ある人が方違《かたたが》え[109]をするため、幼児を連れて下京《しもぎょう》（京都南部）辺りに行った。目指す家に霊のあることを、その人は知らなかったのである（原注。いにしえの世に方違えという習慣があったのは、皆、人の知っているところである。かつては人の住まなくなった家が所々にあったので、その空き家へ、方違えをしに行ったのである。さて、『今昔物語』の選者は霊と記しているが、これは霊とは異なる。寅吉の説によれば、豆つまだということである）。

幼児の枕元の近くに火を灯して、すぐ近くに二、三人ばかりが寝ていた。夜半頃に乳母が目を覚まして幼児に乳をあたえていると、塗籠《ぬりごめ》の戸[110]がほそく開いた。そして、大きさ五寸（約一五センチメートル）ほどの、装束を着て馬に乗った男が十人ばかり枕のほとりを渡ってきた。

乳母は恐ろしく思いながらも、打蒔《うちまき》の米[111]をつかんで投げかけたところ、枕のほとりを渡っていたものどもは、さっと散って消え失せた。打蒔の米には一粒ずつに血が付いていた。幼い子どもの近くには、必ず打蒔を置いておくものだ、とある。

このことについては私の記した『古史伝』[112]の内、大殿祭《おおとののほかい》についての箇所に、『貞観《じようがん》儀(格《きやく》)式《しき》』[113]にある「殿内や御門に米を散らす」という記述と、『延喜式《えんぎしき》』[114]にある大殿祭の祝詞《のりと》の注の「今の世では産屋において米を室内中に散らす」という記述を引用したことがある。

しかし、私は単に散米の効果についてのみ述べただけであって、『今昔物語』で馬に乗って出てきた物が何であったのかについては考えが及んでいなかった。

今、初めて豆つまという名称を知り、散米することがこの妖を消すための行為だったと知ったことは、実に寅吉が私にくれた賜物[115]であった。

これに関わって、次のようなこともある。私の実の祖母は九十歳余で亡くなったが、幼児を育てる女性に対しては常に、「子どもの枕元には忘れずに精米を置きなさい」ということを言っていた。それは、こうした故実を聞き伝えてのことだったのだろう。

幼い子どもを持つことになるであろう人々は、産屋に散米すること、胞衣を納める土器に米を入れること、子どもの枕元に精米を置くことを、必ず忘れないようにしなければいけない。

さて、屋代翁には次のようなお考えがある。豆ツマという言葉のツは助辞（――訳者注。助詞）であって、豆ツマはすなわち豆ツ魔、つまり小さいことから付けられた名前なのではないか、とおっしゃるのである。もっともな説である。

---

107『聊斎志異』　りょうさいしい。蒲松齢（一六四〇―一七一五）による中国・清代の短編小説集。日本には江戸後期に伝わり、様々な文芸作品に影響を与えた。小人の兵士が蚤を退治する「小猟犬」等、小人の出てくる話が複数ある。

108『今昔物語』　平安末期に成立したと考えられている説話集『今昔物語集』のこと。該当の話は巻二十七（本朝　付霊鬼）第三十「幼児為護枕上蒔米付血語」だが、若干内容が異なる。

109 方違え　かたたがえ。原文「方違ひ」。陰陽道に沿った考え方。現在地から見て目的地の方角がよくないものである場合、前日のうちに別の場所へ移動して宿泊し、方角を変えてから向かうこと。平安期の貴族にとっては一般的な習俗であった。

110 塗籠の戸　塗籠とは、寝殿造で建てられた貴族の住居のうち、寝室に使われた部屋。妻戸という両開きの戸が付いていた。

111 打蒔の米　散米、散供とも。邪悪なものを打ち払うために神仏の前などにおいて米を撒く行為。

112『古史伝』　篤胤編の神代史『古史成文』について自ら記した注釈書。篤胤没後も子孫や門人によって書き継がれた。

113『貞観儀（格）式』　『貞観儀式』は平安期の貞観年間に編纂されたといわれる儀式書。『弘仁格式』『貞観格式』等の編纂事業の後を受けて成立。

114 『延喜式』『延喜格式』。平安中期に編纂された律令の施行細則。弘仁・貞観・延喜の格式（きゃくしき）を合わせて三大格式という。

115 賜物　原文「賜」。本来は神から頂いたものの意で、転じて貴重な贈り物や恩恵を指す。古書を紐解き神の世界を探究する篤胤が、寅吉のもたらす仙境の情報を高く評価していたことが分かる。

# モグラとナマコ

胞衣が鼹鼠《もぐらもち》に変化するという説も奇妙な説ではあるが、こうしたこともあるだろうと思われる。また、鼹鼠が海鼠《なまこ》を嫌うということは、世の人もみな知っている通りである。庭などの土を掘り上げるときには、四隅に海鼠を埋めておけば、決して鼹鼠が出ないものである。これにも何かしらの因縁があるのだろう。

神代の頃、海鼠は天皇命《すめらみこと》に仕え奉りますという答えをしなかったため、宇受売命《うずめのみこと》に口を裂かれた[116]。大概の女が海鼠を好んで食べるのも奇妙であり、また、血のない生き物はいないのに、これぱかりは血が一滴もなく、それにもかかわらず海参[117]とさえ呼ばれて、人体から悪血《おけつ》[118]を取り去って新しい血を生じる効能がある。

鼹鼠は悪血から生じたもので血が多く、血に関する病を治す効能があるのも不思議である。あるいは、鼹鼠が海鼠に出会えば、血を失って消え去ることなどがあるのだろうか。追って試みる必要がある。

116　口を裂かれた　『古事記』にある以下のエピソードを踏まえたもの。天宇受売命（あめのうずめのみこと）が海の生き物に向けて、天皇への忠誠を誓うか訊ねたところ、海鼠だけが答えなかったのでその口を裂いたという。この記事は日本の文献における海鼠の初出とされる。

117　海参　いりこ。干し海鼠。海鼠は中国において、食材としてだけでなく本草（漢方薬）としても珍重されており、海の朝鮮人参の意味で「海参」とも呼ばれた。

118　悪血　前近代の日本では、人や、馬などの家畜の体調不良の理由のひとつとして、悪い血が体を巡っているということが想定されていた。それを取り去るものとして、服薬による内科的な対処と、瀉血による外科的な対処が行われていた。

## 魂の行方

私は寅吉に訊ねた。「人の魂の行方はどのようになるものか、師に聞いたことはないか」

寅吉は言った。「まず人の魂は、善であっても悪であっても、凝り固まれば堅くなって消えることはありません。

中でも悪念が凝り固まった魂は消える時がなく、妖魔の群れに入って永く神明の罰を受けます。善念の凝り固まった魂は神明の恵みを受けて、無窮（——訳者注。永遠）に世を守る神と成ります。

しかし善念は崩れやすく、悪念は崩れにくいものであるために、善念は生涯にわたる念を固めなければ、堅く消えないものにはなりません。悪念はほんの少しの間思ったものであっても、凝り固まって消えることがありません。

たとえば一分の悪念をもって、九分の善念も水の泡と消えるようなものです。また善にも悪にも、凝り固まるというほどのこともなかった人の魂は、散ったり消えたりして、多くの人々の魂が混ざり合い、やがて人にも他の物にも生まれ変わることになります。

また、小さいたくさんの物に変わることもあり、一個の物に変わることもありますが、いずれは小さい物になり、どんどん魂が減って、より小さくなっていくものだと師から聞きました」

# 天狗の色々

私は寅吉に訊ねた。「鳥獣の行く末はどうなるものか、聞いたことはないか」

寅吉は言った。「鳥や獣は色々なものに生まれ変わり、また、やがては消え失せもします。いずれの場所にかその身を隠して、消え失せてしまうこともあります。また、その中で猛々《たけだけ》しく強く生まれついたものについては、ついに天狗となるものもあります。

鳥の場合は手足を生じて立ち歩き、獣の場合は羽を生じて、ともに人に似た姿となるのです。しかしながら、こうしたものもついには消え失せるものだと聞きました」

私は寅吉に訊ねた。「鳶《とび》[119]は天狗に属したものだと思わせる証拠を、諸々《もろもろ》の書物に見出すことができる。また長い年数考えてきたところ、ますますそうだと思えることが揃ってきた。師から、こうした説について聞いたことはないか」

寅吉は言った。「鳶の全てが天狗の仲間だと言ってしまっては、少し違います。それというのは、単に本当の鳶もいて、それに交じって天狗の仲間としての鳶もいるからです。少々細かくその区別を申し上げれば、まず、天狗のおおもとは狐なのです。狐が非常に年を取ると翼を生じて、四本の足は人の手足のようになり、神通自在の能力を得ます。

また、鷲《わし》も年を経たものは白くなり、人のような手足が生じて（原注。これを熊猿という）立ち歩くようになり、剛強自在の力を得ます。鳶も同様です。

こうして、これらの生き物それぞれが山々に住んで、もともと狐だったものは狐を使い、鷲や鳶だったものはそれらを使い、妖を為し祟《たた》りを為し、また人の祈願を聞き届けて、霊験《れいげん》を与えることもあるのです。こうして人々はこれらを恐れ尊んで、なんとか坊だとかなんとか権現だとか名前を付けて敬っては祀るのです。

さらに、凡人であっても、生きたままに鼻が高くなり、翼を生じて変化することがあります。人が死んで、その魂が天狗のごとく変化することもあります。

また、生まれながらであっても死んでからであっても、姿形を変えずに、天狗の群れに入ることも多くあります。

しかし、大概は出家した僧侶が変じたものであって、こうしたものが変化した場合に善であることは少なく、まずはことごとく妖魔の類だと思っておくべきです。出家した者は大概、天狗となりますが、天狗にまでなれない場合、鷲にも鳶にも変わるものであると、常に師が語っていたことを聞きました」

119 鳶 『今昔物語集』や『宇治拾遺物語』には、天狗が鳶や糞鳶の姿をとる話がある。糞鳶とは役立たずの鷹の意で、タカ科のノスリを指す。

# 七韶舞のこと

私は寅吉に訊ねた。「七韶舞《しちしようのまい》に用いる楽器のほかに、何か楽器はないのか。また、七韶舞のほかに舞と呼べるようなものはないのか」

寅吉は言った。「楽器には、十二弦の琴[120]があります。その形は人間が使う琴と少しも変わらないものですが、弦は真鍮《しんちゅう》で、弦の下ごとに、図のような小穴が開いています。弾き方については知りません。また簫《しょう》もあります。しかし、詳しく見知ってはおりません。こちらの世界ものとは違うように思われます。

また打ち鳴らしといって□で図のように作り、手拭《てぬぐ》い掛けのような物に掛けおいて、図のような物を持って打ち鳴らす楽器があります。ただし、これら三つは独楽（――訳者注。独奏）のためのものです。

舞には、ショタンの舞[121]というものがあります（原注。ショタンの舞の着物）。

これは、刀と盃とを持って舞うものです。ただし、私は実際の舞の仕方については知りません。唱歌もあるのですが、それも覚えていません。

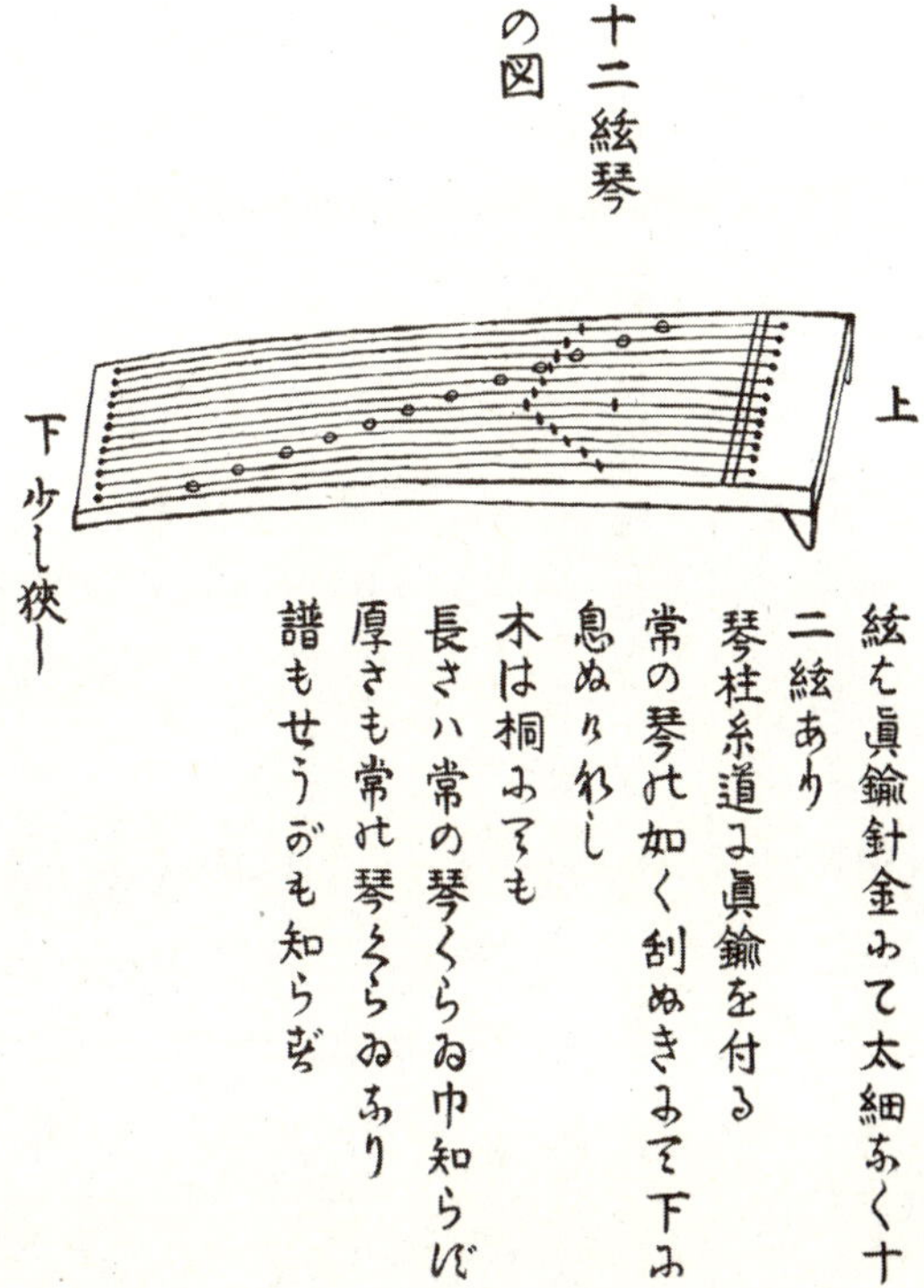


十二弦の琴の図

「弦は真鍮の針金で出来ていて太さに違いがなく、十二弦ある」「琴柱の糸道に真鍮を付ける」「通常の琴のような刳り貫きで、下には息抜けがない」「木は桐でも（よく、別の材でもよい）」「長さは通常の琴くらい。幅は分からない。厚さも通常の琴くらいである」「譜も唱歌も知らない」

この舞を舞う時には、太鼓を打ちます。その太鼓は、入鹿（海豚《いるか》）の皮を張ったものです。形は三味線の胴のようで、中には仕切りがあります。そのしきりの両側に、小豆《あずき》を入れてあります。そのため、打つ時には中に入れた小豆がばらばらと響く音がして、こちらの世界の太鼓に比べれば、鳴る音がよくないものです（原注。打つときは左手で隅のところを持ち、右手に打棒を持って打つのである）。

また拍子木とでも言うべき木を打ちます。これは、何の材でもよいので、とにかく堅い木で図のように作り、堅い木の台の上で鳴らします。真ん中が高く盛り上がっているので、左右を打ち付けて、舞の足拍子にもしたり、また、太鼓に合わせたりもします」

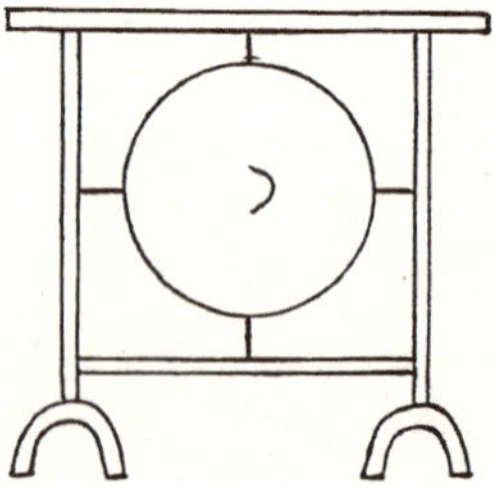

打ち鳴らしの図

120　十二弦の琴　近代以降の日本では、弦の音程調節に琴柱（ことじ）を用いるものをとくに「箏」（そう。こと）と表記し、用いないものを「琴」（きん。こと）と表記し分けることが多くなった。しかし江戸期における表記はそこまで厳密ではない。『仙境異聞』における「琴」は上記の「箏」を指しており、その場合、通常の弦の数は十三本である。

121　ショタンの舞　現代的な表記では「ショタンの舞」になる可能性が高いが、読み方が定かでないため、原文のまま「ショタン」とした。

# 九頭竜の姿

私は寅吉に訊ねた。「九頭竜《くずりゅう》権現は、絵に描かれる竜の姿かたちに似ているものであろうか。それとも、青大将などの蛇のような姿なのだろうか。また、その大きさはいかほどに見えるものか」

寅吉は言った。「師とともに九頭竜の潜む穴の中に入って見たことがあります。絵に描かれる竜の姿とは全《まった》く違って青大将のように見え、一尺（約三〇センチメートル）余りの大きさ（——訳者注。太さのことか）でした。半分ほどはとぐろを巻き、大きな頭の一つには耳があって、ほかに六、七個ほどの小さな頭がありました。

何やらバリバリと噛《か》みつつ、ときどき浅黄色（——訳者注。薄い黄色）に見える息を吐いていました。そのため穴の中は生臭く曇っていて、はっきりとは見えなかったものの、大体はそのように見受けられました。

師は「恐れることはない」と申されたのですが、恐ろしく思えて急いで穴を出ました。その時、穴の中で何やら足に引っかかったものがありました。何だろうと思って取ってみると、仏教の経典でした。これは不思議なことだと思い、よくよく見れば、お経の切れ端がおびただしくありました。

今思えば、浅黄色の息は毒気を吐いていたのだと分かりますが、その毒に当たらずに済んだのは、全く師の威徳によるものだと言えます」

# 火事と天狗

私は寅吉に訊ねた。「火災除《よ》けの守り札を発行しているのか。札には「ただし天災なれば是非もなし」ということが書いてあるが、このことについて深く教えては貰えないだろうか」

寅吉は言った。「全て火災には、神明の罰によるものと、天狗などの仕業[122]によるものと、二種類あります。神明の罰を指して天災というのです。天狗などの仕業によるものは、神明の守り札によって除くことができますが、神明の罰については遁《のが》れがたいものです。

それを「天災ならば仕方がない」と言っているのです。また天狗などの所業を、同じく天狗が出した守り札にて退けることもあります。神の罰である火災も、神が天狗に命じて起こさせているそうです」

---

122 天狗などの仕業　原文「天狗などの所為」。天狗への信仰を含む愛宕権現や秋葉権現は、火防

の神としての性格を有する。そうした背景が逆説的に、火事に天狗が関わるという当時の俗説を生み出したものと思われる。松浦静山『甲子夜話続篇』巻十二の七には、天狗が火災の勢いを強めるという説が載る。静山は『仙境異聞』に登場する屋代、荻野、国友らと親交が厚かった。

# 忍術法

忍術法というものは（原注。浅間道中の物語）、女人の像を椿の木で刻み、これを本尊として行うものです。赤裸の女人の像は髪を垂らしていて、股《また》を開いて陰部を出し、中腰で□骨のところに手をあてて立っている姿をしています。その祭り方は次のようなものです。

この像を逆さまにして、[123] 糞壺《くそつぼ》に数日つけてから取り出します。そして骸骨《がいこつ》（——訳者注。頭骨）に女性の月水[124]を入れて、それを手に取ってしきりに像に塗って、ウンタラタサフランと唱えて祈るのです。忍術だけでなく、種々の邪術を行うことが出来るといいます。

---

123 この像を逆さまにして　類例として、不動明王像を逆さまにすえる祈禱の場面を含む以下があげられる。天下一説経与七郎正本『さんせう太夫』、実録『四ッ谷雑談集』。

124 月水　女性の経血。髑髏や男女の体液を用いた呪法は、邪教として排斥された真言密教立川流の儀式に含まれるものである。

# 国開きの祭

国開きの祭の次第は、以下のようである。神壇を四段に構え、通常の祭でするように左右に竹を立て、注連縄《しめなわ》を引く。そして、茎を切らず根ごと掘り出した榊《さかき》に木綿《ゆう》[125]を付けたものを真ん中に立てる。師は通常の祭で使う装束を着て、供物を調え、神壇の第一段には幣帛《へいはく》を三本、第二段には五本、第三段には三本を、図のようにして大小に作って立てる。これは神の依《よ》り給う（――訳者注。依り憑《つ》きなさる）御霊代《みたましろ》である。

さて、神降ろしが済むと、第四段に供物を供える。それが終わると師は祈願を為し、傍らに退いてから管座[126]に座る。すると図のような白と赤との鶏の装束をした二人が出てきて神前に一揖《いちゆう》[127]してから左右に分かれると、羽ばたいて鶏の声で鳴き、次に鶏の蹴《け》り合い[128]を為す。

しばらくの間、蹴り合いをしているところに、図のような装束をした者が入ると（原注。眉《まゆ》は白く鼻が高く、髪を垂れており、太刀を佩《は》いて矛を持ち、鉢巻きをしている。括《くく》り袴《ばかま》に赤衣で、履《くつ》を履いている）、また左右に分かれる。

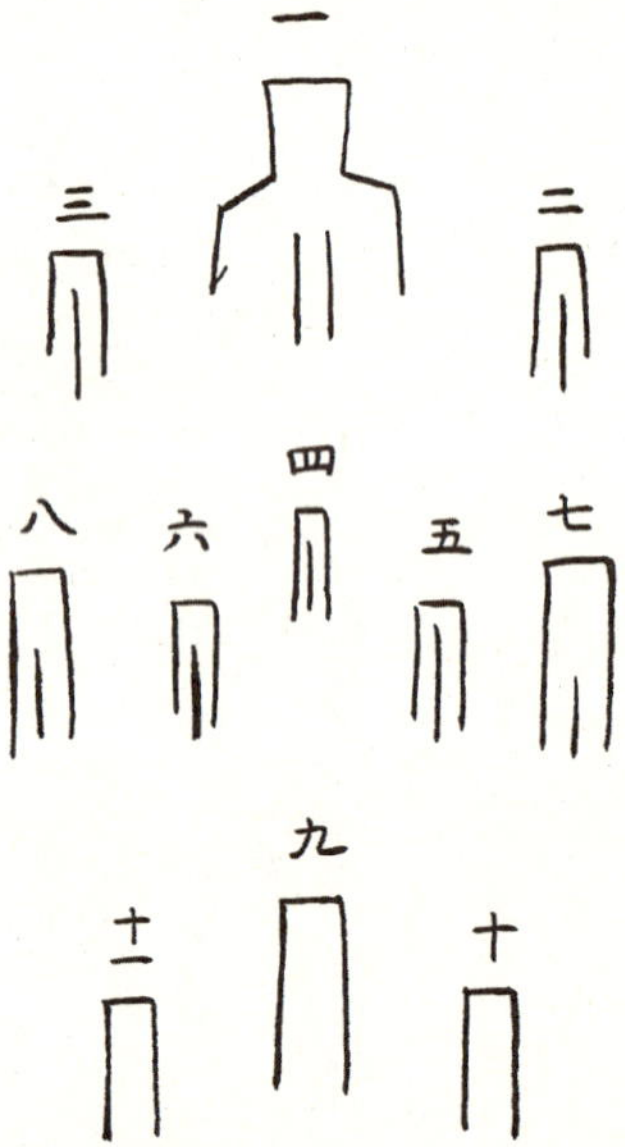


その時、その者がしばらく矛を回して舞い、傍らに立っている。すると神楽舞が、次々に十二、三番続けて行われる。神楽が終わると、その後に猿田彦[129]が入り、次に鶏人が時を作る声[130]を上げて入る。これで終わりとなる。

---

125 木綿　ここでは木綿垂（ゆうしで）を指す。木綿（ゆう）とは楮（こうぞ）や麻の繊維を原料とした布。木綿で作った紙垂（しで）を榊に付けたものを木綿垂といい、神事に用いる。

126 管座　不詳。最も地位の高い者の為の上座を指すか。あるいは座禅のような姿勢で座ることを意味するか。曹洞宗では、ひたすらに座禅することを只管打坐（しかんたざ）という。

127 一揖　軽く頭を下げること。会釈。

128 鶏の蹴り合い　源平合戦の際、熊野別当の湛増（たんぞう）が鶏を紅白に分けて闘わせる占いを行い、白が勝ったので源氏の味方をしたという（『平家物語』）。和歌山県にある闘鶏神社（闘鶏権現）の名称はこの故事に由来する。

129 猿田彦　日本神話において天孫降臨の際に瓊瓊杵尊（ににぎのみこと）を導いた、鼻の長い国津神（くにつかみ）。猿田毘古神（『古事記』）。祭事や神楽で猿田彦役の者は天狗面を着ける。

130 時を作る声　鶏が朝を告げる声のこと。日本神話では、天照大神（あまてらすおおみかみ）が天の岩屋戸に隠れて世の中が闇に包まれた際、八百万神（やおよろずのかみ）が常世長鳴鳥（とこよのながなきどり）を鳴かせるなどして、天照大神を外におびき出そうとする。『古事記』に記されるこの鳥が、日本の文献における鶏の初出であるといわれる。

# 寅吉、病に苦しむ

## 越谷《こしがや》降臨の記

三月二十二日、寅吉のこと。暮六つ時（午後六時頃）から、寅吉が奥の間の床の前に伏して、何かを呟《つぶや》いている。そこで何事かと問うたところ、「先日から痳疾《りんしつ》[131]になったようで困っているのです」と言う。

今日は七つ半（午後五時頃）頃、甘茶を下さいというので家人に煎じさせ、たくさん飲んでいた。飲みすぎて気持ちが悪くなるだろうと思い、いつも通りに菰《こも》を敷き、「寅吉、寅吉」と名前を呼んで起こすと、菰の上へと連れて行って少し休ませた。

すると、また何かを言っているので、妻の折瀬《おりせ》[132]、おかね、善次郎の皆が心身を清めて傍へと行き、様子をうかがっていた。しばらくの間は口の中で低くものを言っていたので何を言っているのか分からなかった。おゆう、篤利も身を清めて傍にやってきた頃、段々と声が大きくなってきた。

「これほどに神の道を広めようと思って、そのために行を為し、その行に疲れ果てたところに付け込んで悩ませるとは不届きな奴だ」

その声の主は寅吉本人ではなく、しかも非常にご立腹されている様子だった。

「たとえ大勢で引き込もうとしても、なかなかそうはさせぬぞ、不届きな奴め」と繰り返し繰り返しお叱りになり、「神の道を広めずにはおくものか。久伊豆《ひさいず》様[133]もここにいらっしゃるのだ」とも繰り返して、益々《ますます》ご立腹であった（原注。久伊豆様というのは、越谷宿の産土神《うぶすなかみ》でいらっしゃる）。

そこで座中の皆は、これは寅吉を悩ませる枉神《まがかみ》[134]（禍神）がやって来ているのであろうと気が付いた。そこで折瀬は次のように問いかけた。「恐れ多いことではありますが、お伺いしたいことがございます」

すると、「お前は誰だ」とのお訊ねがあった。

折瀬は言った。「私は平田大角（篤胤）の妻でございます。先ほどより、ことのほかご立腹のご様子とお見受けしますが、いかなることにございましょうか」

声の主はこれに答えて、「枉神がやってくるのも、一人や二人であれば、どのようにも対処できる。しかし、百人ほどもここへ来て、寅吉を悩ませているのだ。かなり前、すでに大角をも疫病にかからせた不届きな奴なのだ」とおっしゃった。

131 麻疾　淋病。淋菌の感染によって生じる性病の一種。稀に性交以外でも間接的に感染することがある。ただし寅吉のここでの病が何であったかは不明。
132 折瀬　おりせ。篤胤の妻。織瀬とも。亡くなった先妻と同じ名を名乗った。越谷の出。
133 久伊豆様　久伊豆神社およびそこに祀られた神。埼玉県の元荒川流域に分布する。ここでは越谷総鎮守の神を指しているものと思われる。
134 枉神　禍神。禍（わざわい）をもたらす神。邪神、悪神。

# 寅吉の師、禍神を追い払う

折瀬が「では、寅吉の苦痛をなくすためには、どのようにすればよろしいのでしょうか」と問えば、「それはこちらで良いように致すから、かまわないでよい」との仰せであった。

また、「あなた様は寅吉の先生でいらっしゃいますでしょうか」と問いかければ、「あいあい」（——訳者注。そうそう）とのお答えがあった。座中の者は皆、恐縮して、頭を上げている者は一人もおらず、ひたすらに祈って時を過ごした。

すると、「久伊豆様はもうお帰りになるそうだ」との仰せがあり、久伊豆様がお帰りのご様子と分かった皆は畏《かしこ》まって控えていた。少し時が過ぎてから、「さあ、枉神ども、帰れ帰れ」とおっしゃる声があり、枉神は去っていく様子であった。

ただ、その後も枉神一人が残っているようで、「お前は不届きな奴だ。このままにはしておかないぞ。こちらの決まり通りにしてくれる」とおっしゃった。

その枉神も去ろうとしたところ、「待て待て」と三度ほどお声をかけられて、「まことに不届きな奴だ。明日八つ時（午後二時頃）までに浅間《あさま》山に来るべし。決まり通りにしてやる」と仰せられ、大きな声でひどくご立腹のご様子であった。

畏《おそ》れ多いことではあったが、そのお姿を拝見しているような心地であって、皆、ぞっとして身の毛もよだち、ありがたくもおそろしく思ったことだった。

少し時が過ぎてから折瀬が、「お願いしたいことがございます」と申し上げた。「なんだ」とおっしゃるので、「この家におります母は長く病気を患っており、困っております。いつ頃治るでしょうか、お伺い致したく存じます」と伺ったところ、「しばらく待て」とのお答えだった。

そして、「ちょっと行ってこい」とおっしゃって、お使いをお出しになった。少し経ってから使いの者が帰ってきた様子で、「この病気は難しいものである。秋にもなればよくなるだろうが、それまでは長引く」との仰せだった。

私が、「義母は私が大恩を受けた者でございますから、少しでも早く全快できるようお願い申し上げます」と言ったところ、「大分よいようにしてやろう」とおっしゃった。

そして、「大角も神の道を広めたいと思っているようであるが、とにかく枉神が大勢、邪魔をしている。二、三日は体の具合が悪くなるだろう。寝込むほどではないが、周囲の者も十分に気を付けるように」との、まことにありがたい言葉を賜り、恐悦することしきりであった。

続けて、「寅吉はこの頃、何事もないか」とおっしゃったので「先日から痳疾にかかっていて、困っております。子どもゆえに、今日になってから甘茶が欲しいと言うので、言うままにしてやり、さっそく煎じて飲ませました」と申し上げた。すると、「その病であれば、一日に麦を六合ほど食べさせるとよい。ただし、寅吉は麦が嫌いだが、無理にでも食べさせるがよい。麦は七合でもよい。先ほどから寅吉をふさぎこませているのは、枉神の仕業である。十分に気を付けるように。もうほかに用事はないか」とおっしゃった。

そこで、「長右衛門の養子にするという件は、どうすればよろしいでしょうか」と伺ったところ、「北の方角からの相談はよろしくない。一、二年待つべし。いずれ東の方より来る、ほかの人物がよろしい」とのことだった。

そして、「寅吉に合った食べ物を告げるから、書き付けるように。麦・粟《あわ》・稗《ひえ》・青物・川魚・葛《くず》砂糖がよろしい。寅吉は行をしてもしなくてもよい。少し間を置いてからさせるので、病気の間は布団を敷いて休んでもよい。さて、それではこれで発《た》ちましょう」とおっしゃったが、すぐに戻っていらっしゃり、「そこにいる小さい者は何という名前か」とお尋ねになった。

「これは善次郎と申す者です」と申し上げると、「ことによると、その子は病気にかかるかもしれない。その間は飯を一日一杯だけに控え、それに合った分の軽い物を食べさせるのがよろしい。奉公先には、冬になってから遣わすのがいい。それまでは親類に預けるなり何なりしておくがいい」とのことだった。

「本屋は奉公先にいかがでしょうか」と申し上げれば、「随分と小さいが、しかし、よい所へ遣わしなさい。さて、もうこれ以上は何もないか」とおっしゃった。さしあたって、それ以外に思いつくこともなく、皆が恐れ入って質問もせずにいたところ、「もう発ちます。またいつもの通り、寅吉に酒を吹いて飲ませなさい」とおっしゃり、神様はお帰りになった。

　さても有り難いことであり、この後においても、あれやこれやと思い出すことになる、まことに心に残るものの多い出来事であった。

# 筑波山と鹿島のこと

筑波山は、日中に三回、夜に三回、景色が変わる。男体山《なんたいさん》に雲が少しかかれば、雨が降る。[135] 毎年五月の一か月間は薄雲が絶えない。この山は天地開闢《かいびゃく》の山だという。男体山には伊邪那岐命《いざなぎのみこと》、女体山《にょたいさん》には伊邪那美命を祭っている。男体山に「日の外宮」というものがある。常に神を信じている人々は、死んだあと、ここに生まれるという。そして、その後、人にも生まれ変わるという。女体山に夫婦木という杉が三本ある。この木のあるところは、六所《ろくしょ》というところに近く、石地蔵がある。

鹿島《かしま》神宮の神庫には、[136] 甕槌神《みかづちのかみ》が鬼頭を射貫《いぬ》いた証拠だというものがある。黒い春慶《しゅんけい》塗りのように塗ったほかかいの如き物の中に、矢が突き通ったという鬼頭が入れてあるという。その蓋《ふた》に少しひび割れたところがあり、そこから覗《のぞ》き見ると矢が見えるという。

---

135 男体山に雲…　筑波山に雲がかかると雨が降るという在地の言い伝え。古くは『常陸国風土

記』に「筑波岳（ね）に黒雲かかり　衣袖漬（ころもでひたち）の国」という諺が載る。

136 ほかい　行器、外居とも書く。食物を運ぶために使われる木製の蓋付き容器。

## 風炮

あちらの世界において打つ鉄炮には、火焔硝《えんしょう》を使うことはない。風を込めるものであって、打っても音がしないのである。

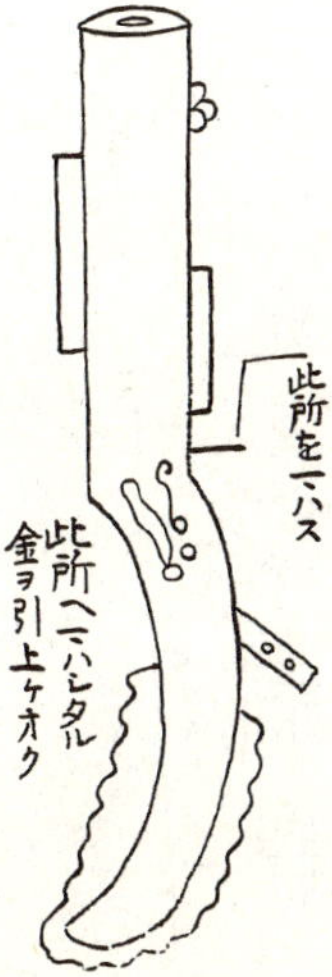


風炮の図
「このところを回す」「このところへ、回した金属部品を引き上げておく」

木剣

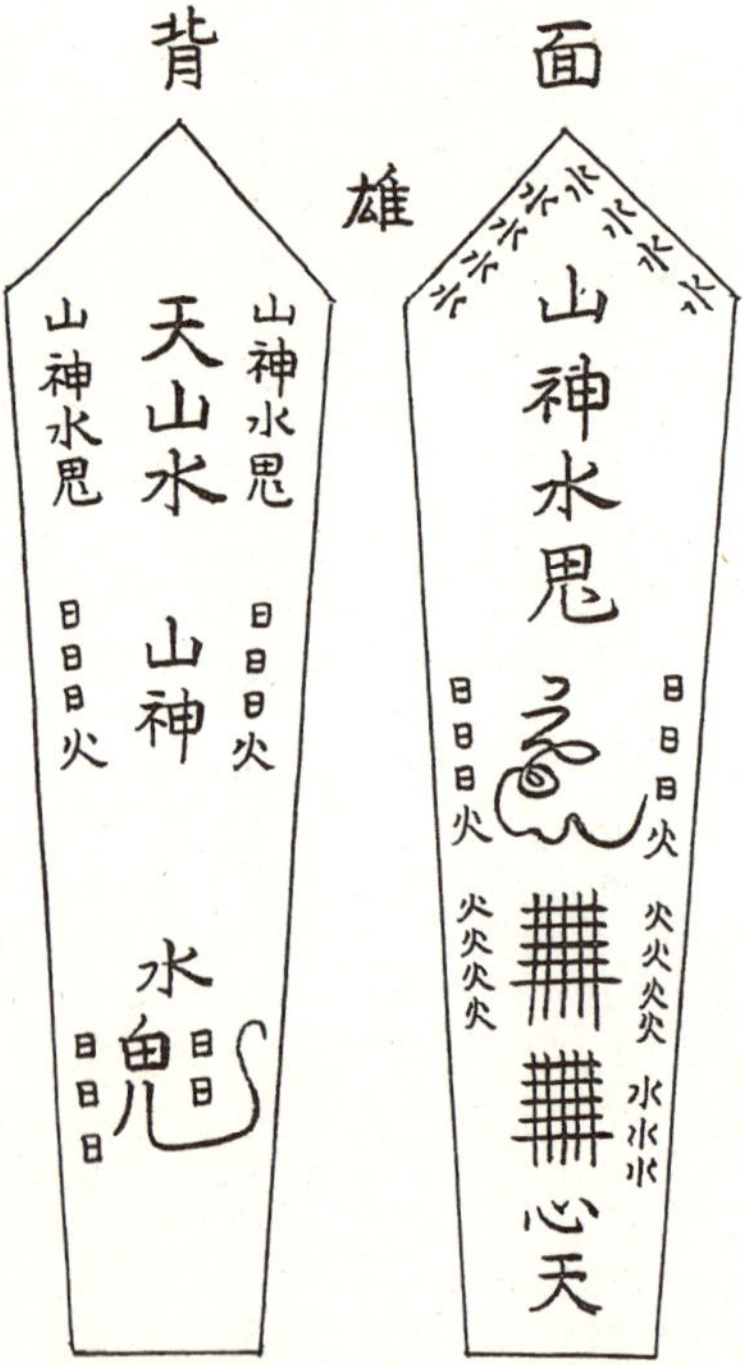
背
面
雄
山神水鬼
天山水
山神水鬼
日日日火
山神
日日日火
水
日日日
日日
山神水鬼
日日日火
日日日火
火火火火
火火火火
水水水
心天

裏　　雄の剣　　表

右の木剣、二振りを常に所持していれば、災難などは起こらない。また、狐憑きなどはたちどころに落とすことができる。

　これは岩間山の使者たちが、世間に出て行う加持行の際に霊験があったことによって、思い付いて神仙の花押を書き加えたものである。

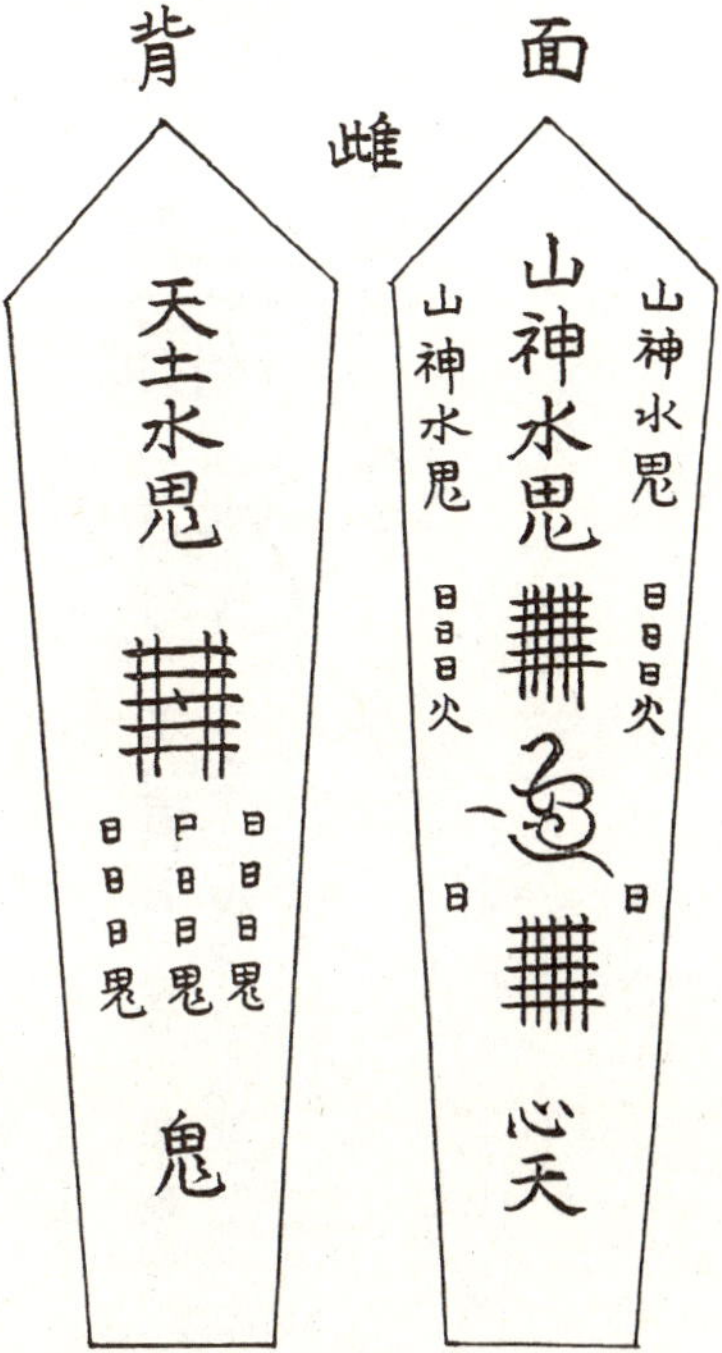


裏　　雌の剣　　表

## 護符

寅吉が書いた護符用の字を、寅吉自らに心を込めて刻ませたもの。

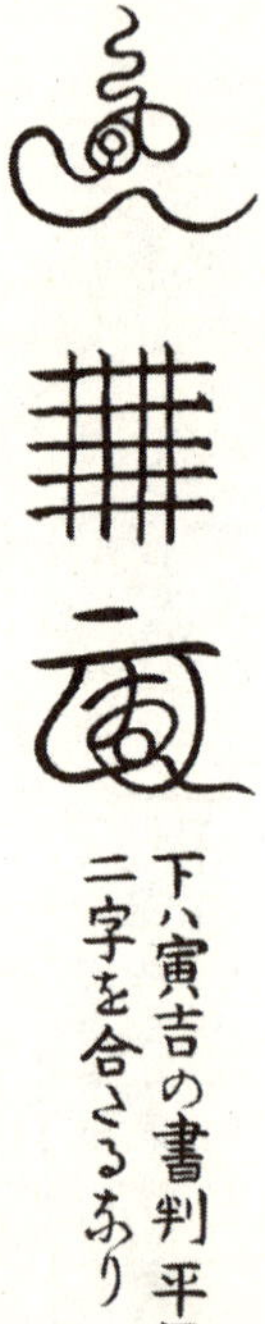


「下の図は、寅吉の書判「平馬」の二文字を合わせたものである」

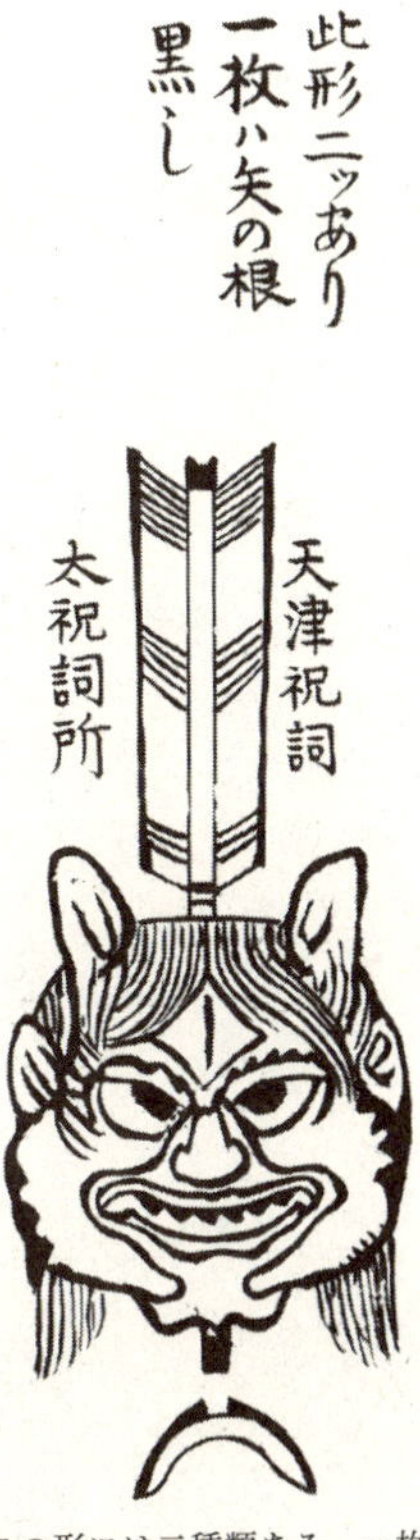


「この形には二種類ある。一枚は、矢の根が黒い」「天津祝詞」「太祝詞所」

右の札は、鹿島神宮の蔵に収められている版木を寅吉の師が借りてきて、岩間山においで刷ったものである。寅吉が「下山の際、百枚ばかりを持って下りたが、残りが少なくなったので、版木を作って刷ろうと思う」と言ったので、木を与えたところ、自ら彫刻した。この札の名は、矢大臣というそうである。

今思えばこれは、鹿島の事触れが配る札だったものではないだろうか。岩間山の使者の中に、以前に鹿島の事触れであった者がいて、版木を神宮の蔵から借りてきたように言ったので、信じてしまったのです。これは私の誤りでした。

文政三年庚辰《こうしん》の冬　神無月（十月）九日

山崎美成

右『平児代答』本文並頭書共令清書畢

文政六年　癸未《きび》年三月

平篤胤

寅吉の肖像

杉山僧正

「御守り」

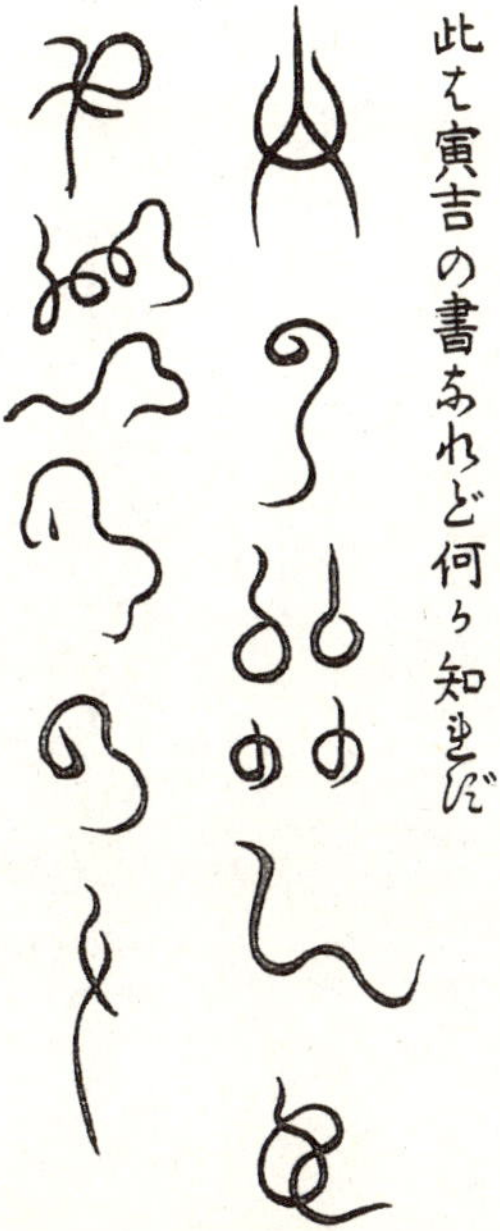

「これは寅吉の書だが
何かは分からない」

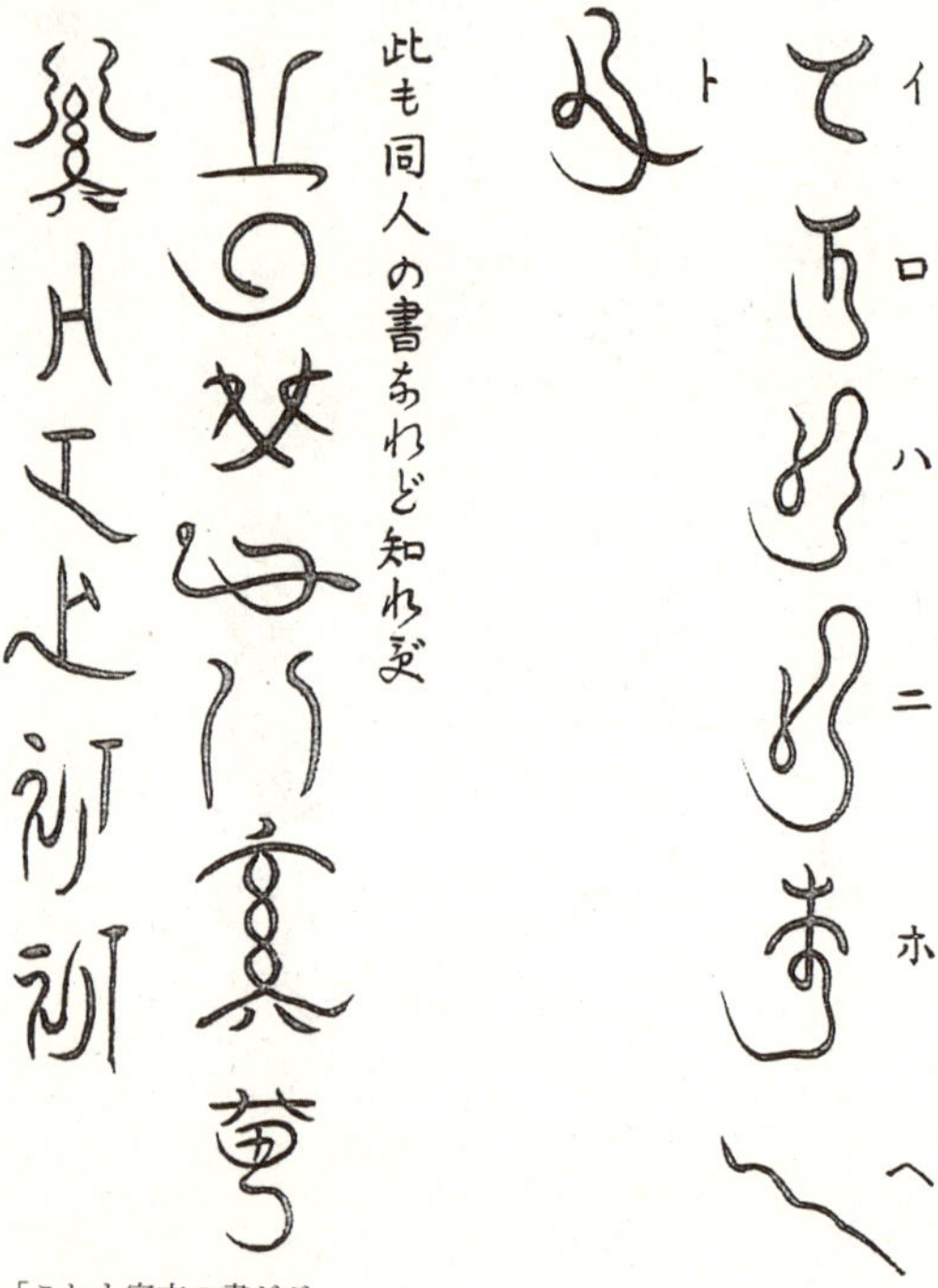


「これも寅吉の書だが
何かは不明である」

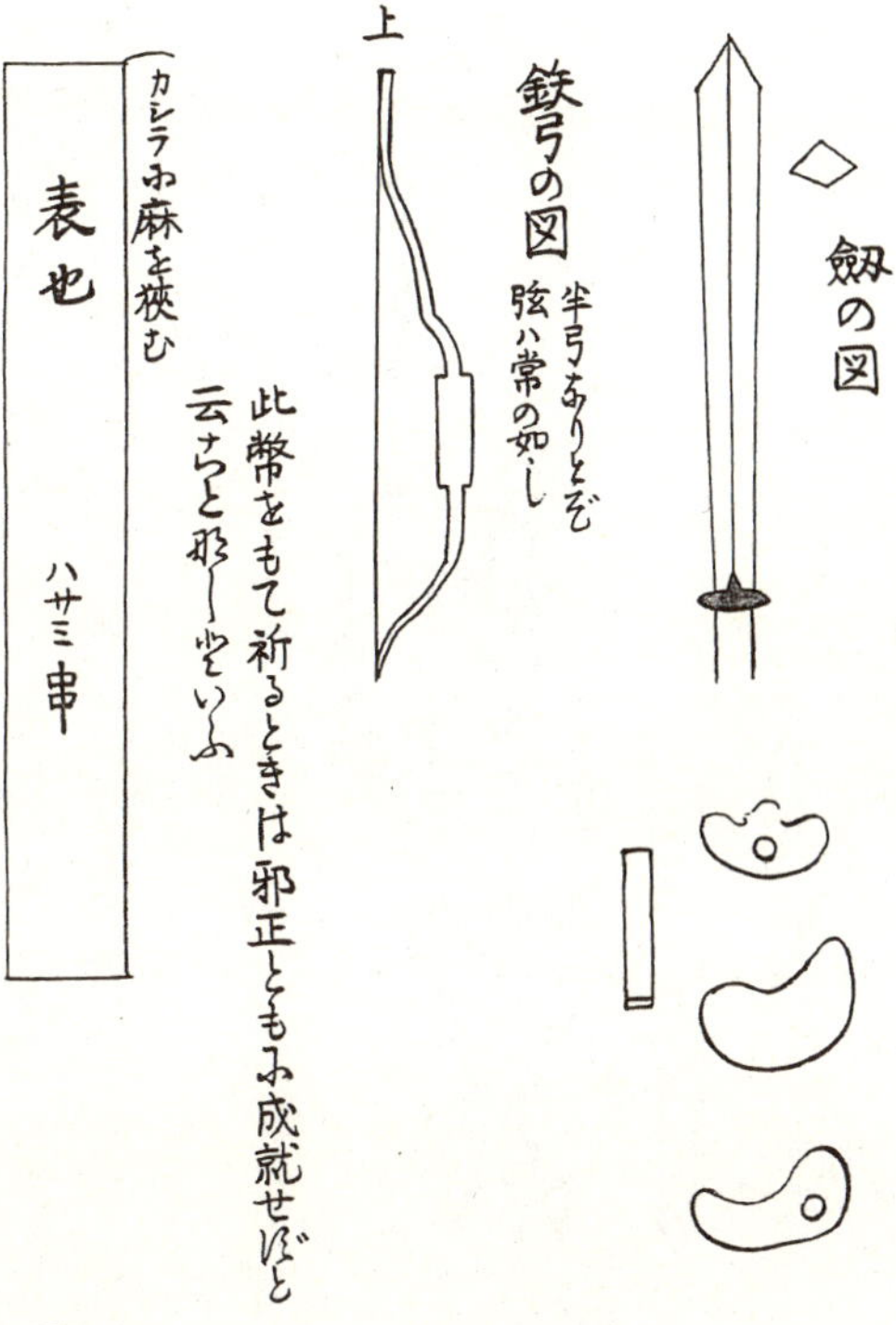


右／「剣の図」
中／「鉄弓の図」「半弓だという」「弦は通常に同じ」
左／「表なり　ハサミ串」「カシラに麻を挟む」「この幣を以て祈れば、邪・正ともに成就しない願いはないという」

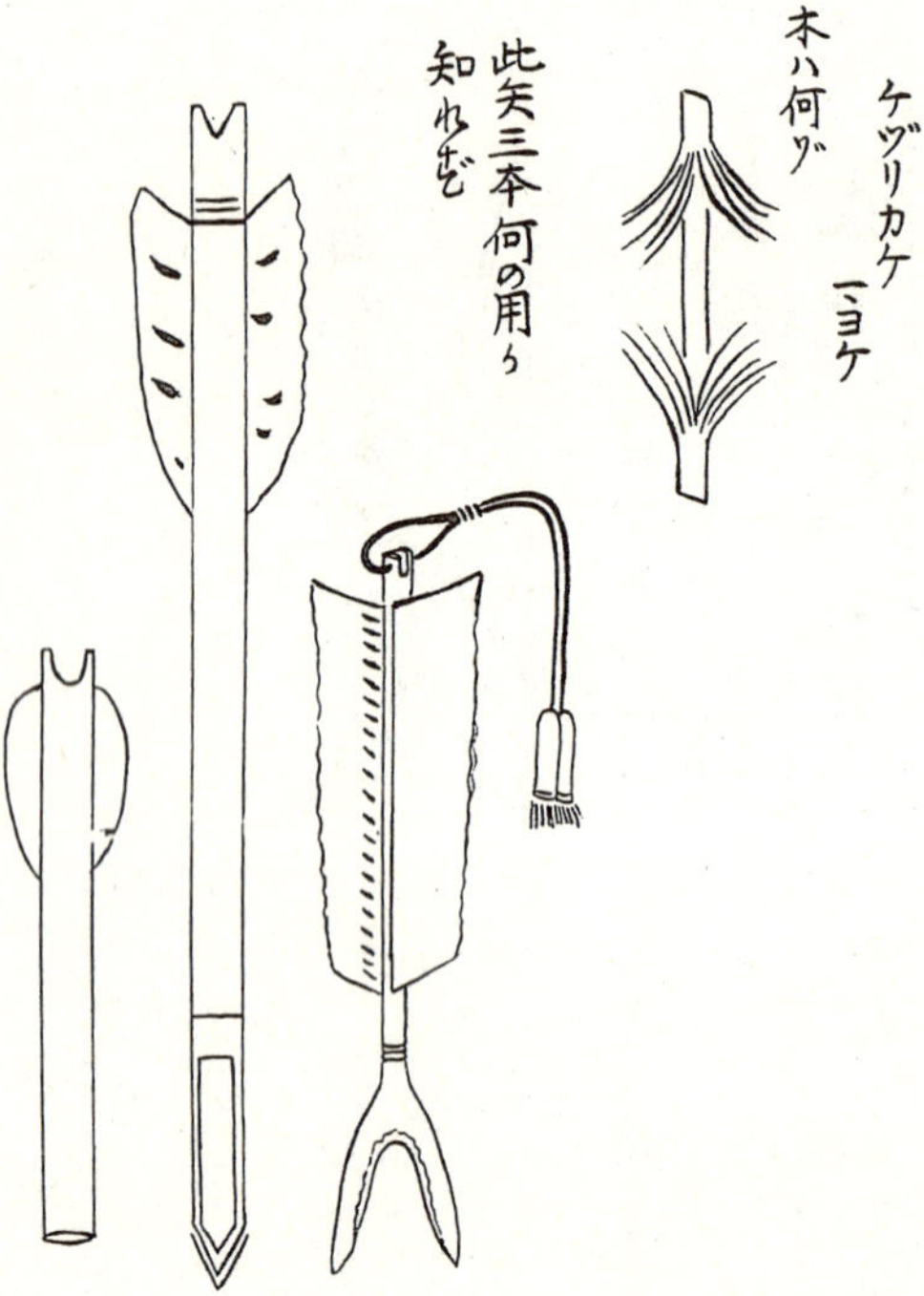


右／「ケヅリカケ　マヨケ」「木は何か不明」
左／「この矢三本、何に用いるものか不明」

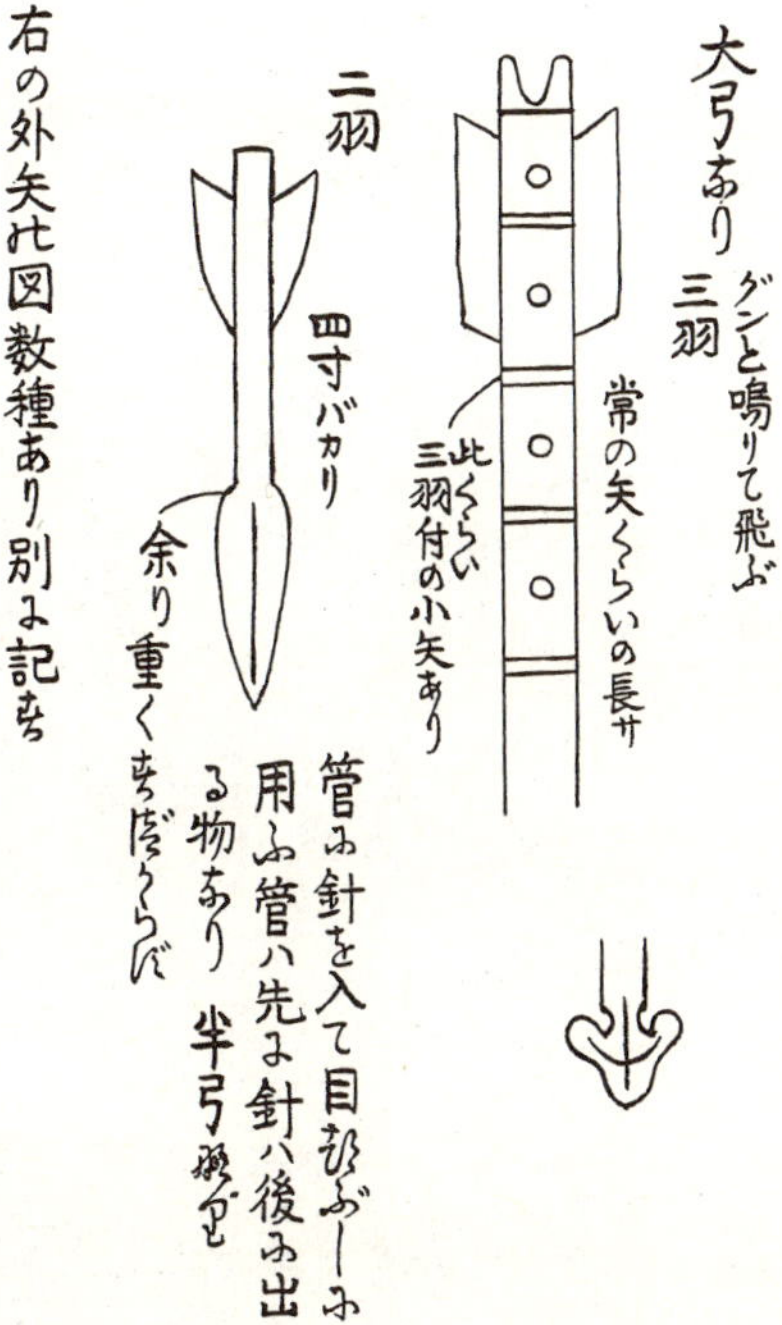


右／「大弓なり」「グンと鳴って飛ぶ」「三羽」「通常の矢くらいの長さ」「これくらい三羽付きの小矢がある」
左／「二羽四寸ばかり」「あまり重くすべからず」「管に針を入れて目つぶしに使う」「管は先に針は後に出る」「半弓である」「右のほか、矢の図が数種ある。別に記す」

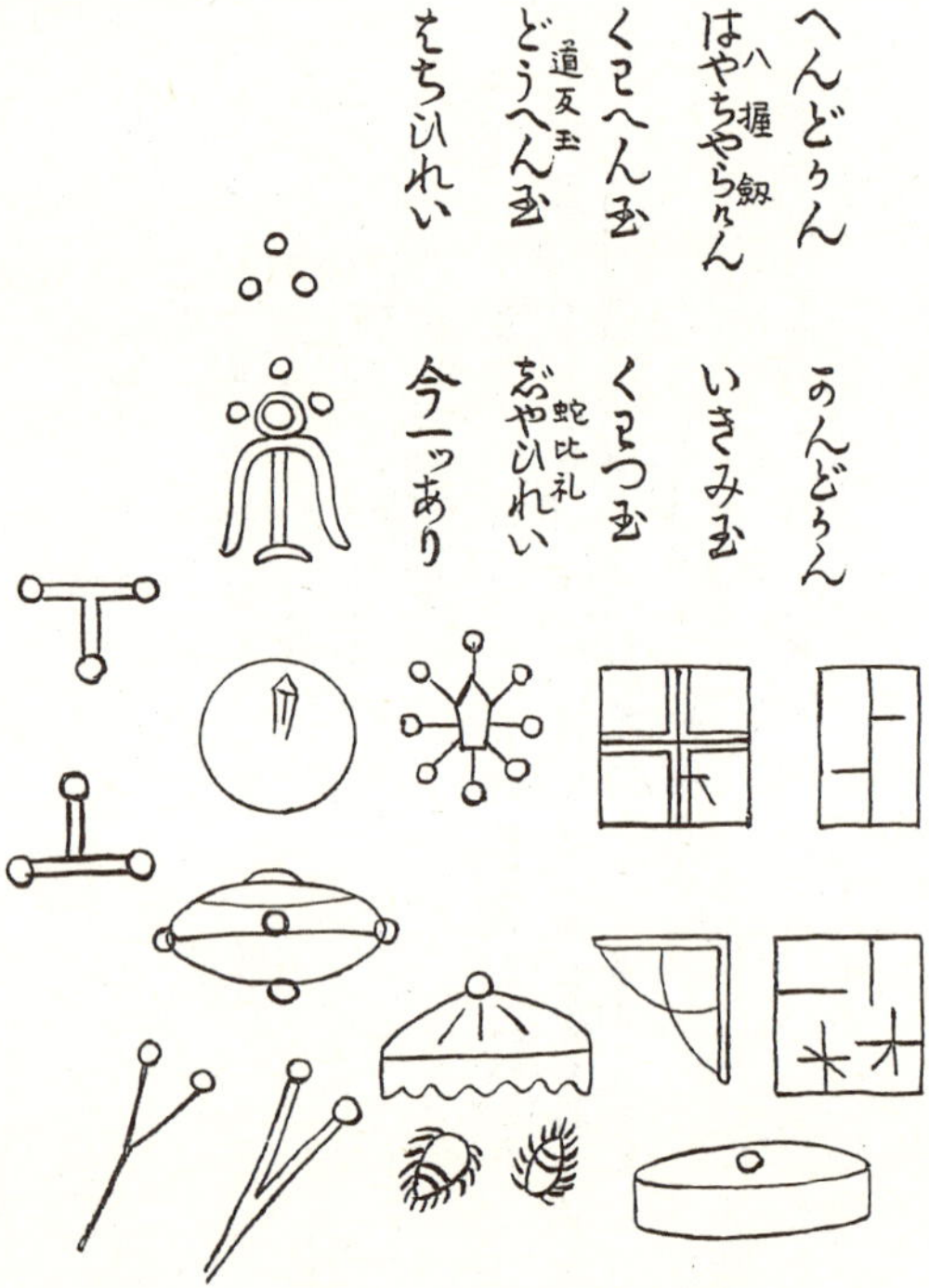

右より「へんどかん」「かんどかん」「(八握剣) はやちやらけん」「いきみ玉」「くわへん玉」「くわつ玉」「(道反玉) どうへん玉」「(蛇比礼) じやひれい」「はちひれい」「今一つあり」

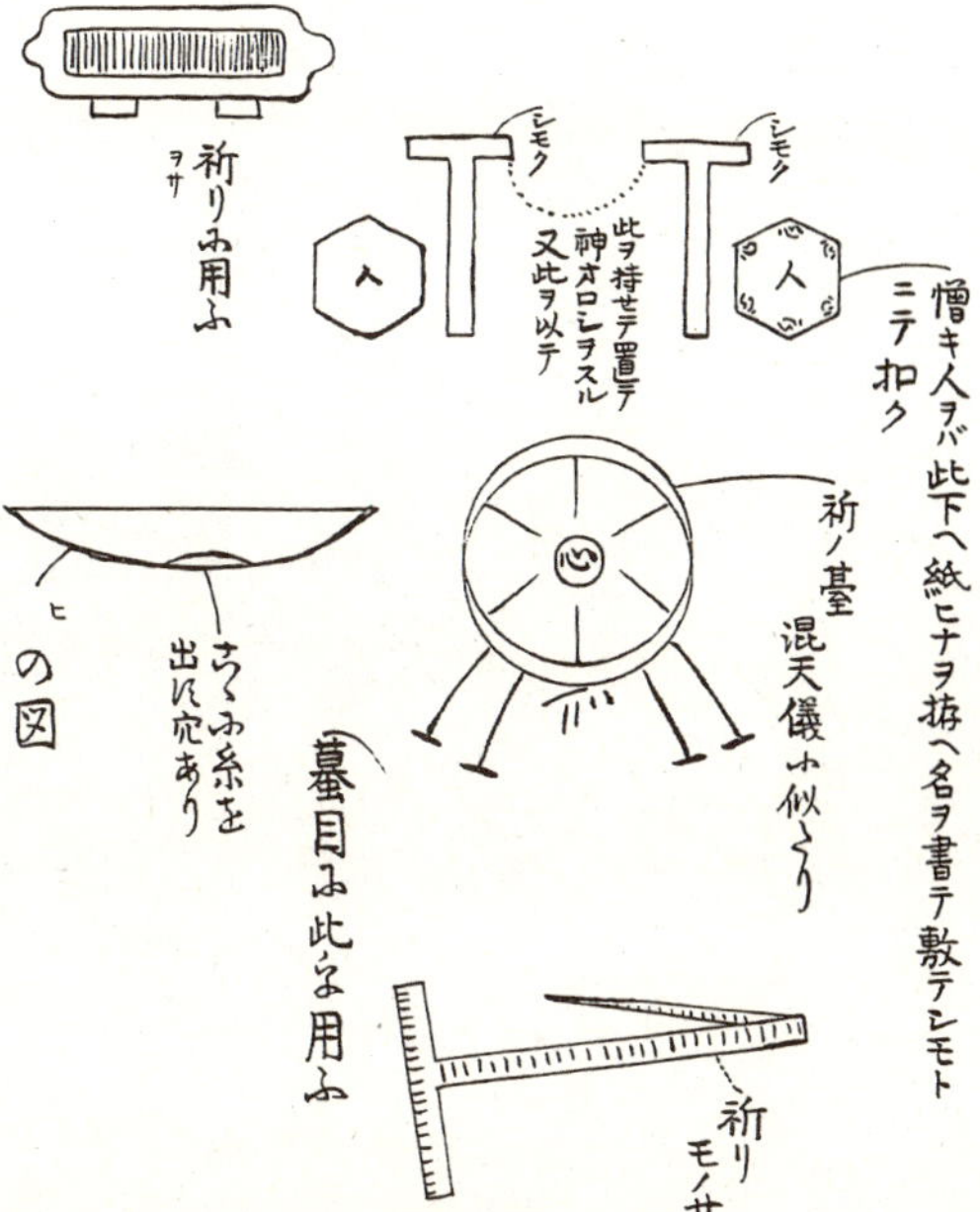


右より「紙人形を作り、憎い人の名を書き、この下に敷いて笞《しもと》でたたく」「祈の台混天儀に似る」「シモクシモクこれを持たせて神おろしをするまた、これで」「祈り物差し蟇目にこれを使う」「祈りに使うオサ」「ここに糸を出す穴ありヒの図」

『仙境異聞』　下　（仙童寅吉物語）

# 仙童寅吉物語

平田篤胤筆記考按《こうあん》

高山嘉津間、元の名を寅吉という。初めは山崎美成の許《もと》にいたが、後には私の家に来て、長く逗留《とうりゅう》することとなった。それについては別に記したものがあるので、ここでは略すことにして、今はただ、私の発した問いに対して、寅吉が答えたことのみを記すことにする。

# 岩間山その他の天狗

私は寅吉に訊《たず》ねた。「岩間山というのは、常陸国《ひたちのくに》の何郡にある山なのか」

寅吉は言った。「筑波山より北方へ四里[137]（約一六キロメートル）ばかり傍らにあって、峰には愛宕《あたご》宮があります。足尾《あしお》山《やま》、加波《かば》山《さん》、吾国山《わがくにさん》などが並んでいて、笠間《かさま》の近所に位置しています。竜神山というものもあります。この山は師が雨を祈願するところです。岩間山に十三天狗《てんぐ》、筑波山に三十六天狗、加波山に四十八天狗、日光山には数万の天狗がいるといいます。

岩間山にはもともと、十二天狗がいました。四、五十年ばかり前のこと、筑波山の麓《ふもと》にある狢打《むじなうち》村[138]に、長楽寺という真言宗の僧侶《そうりょ》がおりました。

その僧が、空に向かって常に仏道についての思惟《しゆい》をしていたところ、ある日、釈迦《しゃか》如来が迎えにやって来て[139]彼を導きました。これをまことの仏と思って付いて行ったところ、釈迦如来の姿になって来たのは岩間山の天狗だったのです。岩間山の天狗は、長楽寺をも仲間に加えて、これより十三天狗になったといいます。私の師はその中の一人で、名を杉山そうしょうといいます」

137 筑波山より北方へ四里　筑波山からみた愛宕山（岩間山）は、北東約一五キロメートル程度に位置している。

138 狢打村　現在の茨城県石岡市大字龍明（旧・八郷町狢内）。岩間山、難台山を見渡せる。

139 釈迦如来が迎えにやって来て　阿弥陀仏などが雲に乗り、仏弟子（仏教徒）を迎えに来ることを聖衆来迎（しょうじゅらいごう）という。また、天狗が偽の聖衆来迎の様子を僧侶に見せることを偽来迎といった。

# 長楽寺と十二天狗

岩間山のことについては、その辺りのことを知っている人々に色々と訊《き》いて調べてみた。岩間山は細川長門守殿《ほそかわながとのかみ》[140]の領分であって、岩間村のうち、小名が泉村という所にある山である。

十八、九町（約一九六〇―二〇七〇メートル）ばかり登った山上に愛宕宮がある。愛宕宮の後ろの少し平らになっているところに、本宮という小宮がある。唐銅で出来た六角形の宮で、上の方は丸いという。その宮の周りに、十三天狗の宮という石宮が十三ある。これはかなり古くには五天狗の宮であったが、後に十二天狗となって宮も十二に増えた。

さらにその後、次のような経緯《いきさつ》があった。かの長楽寺は修験者《しゅげんじゃ》[141]であって、常に西に向かって大日《だいにち》の真言《しんごん》[142]を唱えていたが、もともと孝行の心が厚い者だった。そして、長楽寺の母が国々の神社、仏閣、旧跡などを見て回りたいと言っていたのを、どうやって叶《かな》えるべきか悩むと、とくに十二天狗への祈願を行うことにした。その祈願が叶うまで断食の行を行っていると、祈願の中間に至って突如、山の下に蹴落《けお》とされた。

しかし、これに懲りることなく、断食の行を終えた後も、いつものように西に向かって阿字観《あじかん》[143]を行っていた。するとある日「釈尊《しゃくそん》が迎えにいらした」と言って空に向かってにっこり笑うと、虚空に飛び去っていった。

その後、また帰ってくると母を背負って、かねて母が望んでいた場所を五、六日の間に見回らせた。そして家に戻ると、母に「とても草臥《くたび》れました。長く寝ていたとしても、目が覚めるまで私の姿を見ようとせず、放っておいて下さい」と告げて一室に籠《こも》り、五、六日ばかりも目覚めることがなかった。

母は息子の目覚めをいたく待ちわびて、そっと覗《のぞ》いて見たところ、六畳間を覆うばかりの大きさになって寝ていた。母は「あっ」と叫んで逃げ去った。この声を聞いて目を覚まし、傍らの襖《ふすま》を蹴破って飛び出てきたが、それっきり、帰ってはこなかったという。

一説には、母を連れて回国させた後に、「このことは決して人に語ってはなりません」と戒めたのだが、母が嬉《うれ》しさに耐え切れず、ひそかに人に語ってしまった。すると家を飛び出て二度と戻ってこなかったともいう。

さて、長楽寺が家を出た後のこと。誰かは分からないが、麓の村々を回って家ごとに「これまでは十二天狗に膳《ぜん》を十二膳供えていたが、そこに長楽寺も加わったので、今からは十二膳のほかに精進の膳を一膳増やして供えるように」と触れ回る者があった。これらの村々で天狗を信仰する者たちは、講中《こうじゅう》[144]というものを作って毎日十三の膳を供えると、拝む際にも「十二天狗並びに一天狗」と唱えるという。

愛宕の別当は真言宗で、祭礼は二月二十四日である。愛宕にも、十三天狗にも、それぞれ膳を供えるが、天狗に供えたものは残らず食べてあるという。祭日の前に行われる別当の水行は、普通の人にはなかなか出来ない業《わざ》であるという。

細川家の留守居《るすい》役[145]である岸小平治は今年七十三歳になる人だが、国詰め[146]だった若い頃に天狗になった長楽寺と懇意にしており、その人となりをよく知っているという。長楽寺は剛強で正直な人だと言って、今も当時のことを語ることがあると、岸の親族は語る。以上は、寅吉が語ることと考え合わせるべき話である。

---

140　細川長門守殿　常陸谷田部藩藩主、細川興徳（ほそかわおきのり）。一七五九―一八三七。

141　修験者　修験道（しゅげんどう）という、日本古来の山岳信仰と仏教とが混ざり合った宗教の修行者。山伏（やまぶし）。

142　西に向かって大日の真言　真言（マントラとも）とは、梵語（サンスクリット語）のままで唱える言葉や経。大日の真言とは、大日如来を示す真言のこと。また西方（さいほう）は、仏教の神々が住まう世界のある神聖な方角と考えられていた。

143 阿字観　密教における瞑想法。大日如来を示す梵字（サンスクリット語の文字）を念じて思い描く修行法。

144 講中　講。信仰のためのグループを作って神仏への参拝などを行う者の集まり。

145 留守居役　留守居。諸藩の留守居は江戸に常駐し、幕府や他藩との連絡・交際業務を行っていた。その役目から、話の上手な者が担当することが多かったともいう。

146 国詰め　江戸時代の大名や家臣が、国元に在勤していること。これとは逆に、江戸に在勤していることを江戸詰めという。

# 神隠しと空飛ぶ盆

私は寅吉に訊ねた。「元文《げんぶん》年間（一七三六―一七四一）のことである。比叡山《ひえいざん》に御修理があった際に、木内兵左衛門という、神隠しにあった人がいた。その人が帰ってきて、後に伝えたのは次のようなことであった。

兵左衛門を連れて行った異人は、丸い盆の上に柄を付けたような物を出して、その上に彼を乗せた。肩に両手をかけて押し付けられたように思うと、そのまま地上を離れて虚空へと高く舞い上がったという。

お前の師は自在の力を持つ身であるから、大空を飛行することもできるだろうが、まだ未熟なお前などが、虚空へ高く舞い上がることはできるはずもない。もしや、兵左衛門が乗った盆のような物などを使って、師に連れていかれたのではないか」

寅吉は言った。「これまで、そうした器物を使ったことはありません。おっしゃったように、私は自在の力を持たず、何もできません。

そうした未熟な身ではありますが、どのような術があるのか、師に従ってさえいれば、前へと進むのも後ろへと退《さ》がるのも、空を行くことが自由になるのです。たとえば、雁《がん》や鴨などの一羽が飛び上がれば、残りの群れも自然とその後について飛び上がるようなもので、師に付き従ってさえいれば、どこまでも行くことができるのです」

# 鉄炮のこと

私は寅吉に訊ねた。「あちらの世界に鉄炮《てっぽう》（鉄砲）はないのか」

寅吉は言った。「鉄炮もあります。しかしながら火を用いない鉄炮であって、百匁（約三七五グラム）の鉄玉を三里（約一二キロメートル）打ち放つものです。音はさして大きくありません」

私は寅吉に訊ねた。「その鉄炮の仕組みは知っているか」

寅吉は言った。「この鉄炮の形と仕組みは（――訳者注。この部分、文章欠）……、図のようであって、ねじを回し、込めて打ち出す鉄炮です。風嚢《かざぶくろ》（風袋）に三百匁（約一一二五グラム）の風を込めることができます。その風を一気に出すときは、大木を折り、山をも貫くため、袋には風の詰まり方を示す印があって、遠くでも近くでも、当たりをつけて打ち出すものなのです。

鉄炮の玉に書状を付けて、岩間山から筑波山の山人にあてて送ったこともあります。岩間山から筑波山までは[147]、直線距離で二里（約八キロメートル）足らずもあるでしょうか。この仕組みを詳しく知っていることには、以下のような理由があります。

ある時、師がいらっしゃらない間にその仕組みを知りたく思い、分解して中を調べ、砂を吹き込めてみたりしました。すると鉄炮の具合を損じてしまい、ひどく叱られたことがあるのです」

147 岩間山から筑波山まで　愛宕山（岩間山）からみた筑波山は、南西約一五キロメートル程度に位置している。寅吉は別の記事で、両山の距離を四里（約一六キロメートル）ほどと答えており、そちらはほぼ正しい距離を示している。

# 天狗の位

私は寅吉に訊ねた。「以前から、異人に連れられた者の語ることを聞いていると、異人が道の途中で行き会った人に唾《つば》をかけたり、突き倒したり、あるいは他人の傍に立って印《いん》を結び呪文《じゅもん》などを唱えて喧嘩《けんか》をさせたり、はたまた、行き会った人にお辞儀をして礼を尽くして通ることもあるという。

このようにされた人々はそれに気付くことなく、突き倒された者は石に躓《つまず》いて坂を踏み外したと思い、喧嘩の呪《まじな》いをかけられた者は互いに口論をし出してついには喧嘩になったと思い、唾をかけられた人や礼を尽くした人も皆、事の次第を知ることなく通り過ぎていく。

そこで異人にその理由を聞いたところ、「唾をかけた者、突き倒した者、喧嘩させた者は皆、心が穢《けが》れて慢心しており、慎みなく信心薄く、神の守護がない奴らである。一方、礼を尽くしたのは徳が高く慎み深く、神の御加護がある人々なのである」と言ったという。こういったこともあるのだろうか」

寅吉は言った。「実に、そうしたこともあるものですが、それは十三天狗のような正しい天狗が為《な》す業ではありません。位の低い天狗たちの業です。ただし、慢心なく慎み深く、慈悲心のある正しい人であれば、天狗の方ではいずれも敬って尊ぶものです。天狗道に入った者は全て、どのような尊い身分の人であっても現世の人よりは位が低くなるものですが、大天狗になると、段々に世の人よりも位が高くなっていくものなのです」

私は寅吉に訊ねた。「天狗の位は、どのようにして決まるものなのか」

寅吉は言った。「行の重なっていくに従い、位も上がるものです。十二天狗のような大天狗となっては、正一位《しょういちい》148になっています」

私は寅吉に訊ねた。「その位は、いったい何から授かるものなのか」

寅吉は言った。「何から授かるものかについては知りません」

148 正一位　人および神に与えられる階級のうち、最も高いもの。

# 稲生平太郎と妖怪たち

私は寅吉に訊《たず》ねた。

「昔、享保《きょうほう》年中（一七一六―一七三六）のことであったが、備後《びんご》国[149]（現在の広島県）に稲生《いのう》平太郎《へいたろう》[150]という、十六歳の若者がいた。剛強さにおいて類《たぐい》まれな人であった。この国には魔所と言い伝えられて登る人のない比熊《ひぐま》山[151]という山があり、木の葉一枚取っても祟《たた》りを為《な》す、恐ろしい山であった。

平太郎はそこに登って、魔の宿る樹[152]と言い伝えられる木に印を残して帰ったところ、それから平太郎の家には妖怪《ようかい》が現れて、三十日の間、千変万化して悩ませようとしたが、平太郎は少しも恐れることなく、その妖物たちはついに立ち去っていった。

妖怪は去る時に姿を現して、「我は山本《さんもと》五郎左衛門《ごろうざえもん》[153]という妖魔の首領である。我の仲間には神野《しんの》悪五郎《あくごろう》[154]という者もいる。男子が十六歳になる時、災いに遭うことがある。これは我等の仕業である。我は比熊山にて汝《なんじ》を見て、災いをもたらしてやろうとやって来たのである。今、帰る様を見よ」と言って、現世の武家のような行列を為し、駕《か》籠《ご》に乗って雲に入り、西に去っていったことがあった。これは天狗《てんぐ》だとする説も聞かないが、一体、何者なのだろうか。こうしたものを見聞きしたことはあるか」

寅吉は言った。「そうした名を聞き及んだことはありません。しかし、世の中に悪魔[155]はおびただしくあるものなので、その中には、そうした名の悪魔もあることでしょう」

---

149 備後国　この物語の舞台は備後三次（現在の広島県三次市）である。

150 稲生平太郎　三次藩士、稲生武太夫の幼名。武太夫は自らの体験を『三次実録物語』にまとめた。平田篤胤は寅吉に会う前に、本件に関する資料を集めて『稲生物怪録』を著している。

151 比熊山　現在の広島県三次市に位置する比熊山のこと。

152 魔の宿る樹　稲生平太郎と妖怪をめぐる物語は、多くの写本によって伝えられている。他書では肝試しのために比熊山に登り、触ってはいけないと言い伝えられていた岩に落書きをしたとも伝えられる。

153 山本五郎左衛門　山ン本五郎左衛門とも。妖怪たちの首領で、去り際に平太郎を称えて小槌を与えたともいう。平太郎をめぐる物語以外には、その名を見ない。

154 神野悪五郎　山本五郎左衛門の腹心。平太郎をめぐる物語以外には、その名を見ない。

155 悪魔　仏法の妨げとなる、不思議な力を持つ悪しき存在。キリスト教の流入以降は訳語として、西洋における神に背く存在を指すことにもなるが、本来は仏教語。

## 悪魔と天狗

私は寅吉に訊ねた。「世の中に悪魔がおびただしくあるとは、一体どういうことか。悪魔は天狗とは違うのか。その棲《す》んでいるところはどこなのだろうか」

寅吉は言った。「悪魔どもがどこに棲むかということは知りませんが、おのおのに群れがあって、その仲間はおびただしく、常に大空を飛びまわって、世の中に障礙《しょうげ》[156]をなし、悪しき人をますます悪人にし、善き人の徳ある行いを妨げて悪へと赴かせ、人々の慢心や怠慢を見つけてその心に入り込み、種々の災いを生じてその心をよこしまに曲げさせます。

仏、菩薩《ぼさつ》や美女美男にも変じ、地獄極楽やそのほか何であっても、人々の好むところに従い、これらの形象を現してたぶらかし、ことごとく自分たちの仲間に引き入れ、世の中を我が物にせんと企《たくら》むものなのです。

私が直接見たところでは、その姿は下の図に描いたごとくであって（原注。図欠）、耳に鎖が下がっています。手から糸を出し、下に垂れたところを両手で握って障礙を為します。頭は針金のようで、それは頭髪のようにも見え、また被《かぶ》り物のようにも見えます。手から、糸を出して引っ掛けます。善人にはかかりません。また、人々の家々を覗《のぞ》き歩きます。この魔には虻《あぶ》のような虫がたかっています。シャリ骨[157]を首にかけた魔もあります。

神が人を助け給うのも、このようなわけによるのです。世の人に悪魔の多いことを知ったのであれば道徳を積むべし、というのが私の師が説くところです。さて、天狗というものは、深山におのずから出《い》で来たものもあります。また鷲《わし》・鳶《とび》・烏《からす》・猿・狼・熊・鹿・猪、そのほか、何によらず、鳥獣の年を経たものが化《な》る[158]こともあります。鳥は手足を生じ、獣は羽を生じるようになります。また、人の死霊が化ることもあります。生まれながら成ることもあります。ただし、人の成れるものには、邪と正と二種があります。邪天狗は、妖魔の仲間です。

世の中では、こうした種々のものの仕業を、すべて天狗のわざと言うのです。我が師のような存在をも、世には天狗というのでとりあえず天狗とは言っていますが、実は天狗ではありません。山人というものです。

大空に、これらのものどもの飛行し廻《まわ》る道があるのは、あたかも陸上の国土の道が縦横にあるが如しです。火の見櫓《やぐら》を押し倒し、半鐘を外したりするのは、皆、こうした大力の者らの仕業です。その力がいかほどあるのか計り知れないが故に、大力と言うのです。これほど恐ろしいものはありません。世に鬼というのも、これらの類です」

156 障礙　仏教の教えに反し、それを妨げること。仏教語。
157 シャリ骨　一般に、舎利（しゃり）は遺骨、とくに釈迦の遺骨を指す。ただし、ここでのシャリ骨は髑髏（シャレコウベ）を指すか。首に、糸に通した髑髏をぶら下げた密教の神々の姿を意識しているものと思われる。
158 化る　中国や日本では「化成」と言って、生物が親を持たず自然に生まれ出たり、あるいは、生物が他の形に変化することがあると考えられていた。ここでは天狗が、そのどちらの発生方法をとることもある、と述べている。

# 鶴に乗る仙人

私は寅吉に訊ねた。「唐土《もろこし》（中国）にいる仙人というものは、この国にも来ることがあるのか。また、お前はそれを見たことがあるか」

寅吉は言った。「我が師などは、唐土やほかの国々へも行くことがあります。同様に、唐土の仙人が、この国に来ることもあるだろうと思います。

どこの国かは分かりませんが、師に連れられて大空を翔《かけ》ていたときのことです。我々がいるよりもちょっと下のほうの空を、頭に手巾《しゅきん》か何かをたたんで乗せたように見える老人が、鶴に乗って、[159]歌を吟じながら通っていくのを見たことがあります。その歌は、符字のようなものでした。これは仙人だったということです。このときのほかに、私は仙人を見たことがありません」

---

159 鶴に乗って　唐代の『尚書故実』、清代の『夜譚随録』、『宗鑑法林』等に鶴の背に乗った仙人（鶴背仙人）の話がある。鶴に乗った仙人はよく知られた画題でもあった。

# 神の御姿

私は寅吉に訊ねた。「神の御姿は、山人や天狗、またお前などの目に見えることはないのか」

寅吉は言った。「師などの目に見えなさることもあるのかどうか、それは分かりません。私たちは神の御姿をかつて見たことはありませんが、時々、金色の幣束（幣帛）のように見えるものが、ひらひらと大空を飛んでいることがあります。これは神の御幸《みゆき》（――訳者注。お通り）だということです。そのときには、だれもが地に伏せ畏《かしこ》まって拝するものです」

# 天狗の偽来迎

私は寅吉に訊ねた。「長楽寺のお迎えで、天狗が釈迦仏に化けて来たということだが、別の仏や神にも化けるものなのだろうか」

寅吉は言った。「仏であれば、どのような仏にも化けることがありますが、神には化けることがありません」

私は寅吉に訊ねた。「なぜ、仏には化けるのに、神には化けないのか」

この質問に加えて、傍らにいたある人が「神は尊く、仏はいやしいものであるがゆえに、神には化けることなく、仏に化けるのでしょう」と言えば、それに答えて寅吉が言った。

「そうではありません。仏はそれぞれ像があるために、その像を真似て化けることができますが、神の像は立てないもの[160]であるために、真似て化けることができないのです。仏に化けるばかりでなく、地獄極楽の有様をも現すことができます。これもまた、絵に描いたもの[161]を真似て行うものです。私も地獄極楽の様子を表したものを見たことがあります」

160 神の像は立てない　実際には仏像の影響を受けて作られた神像（絵画、彫刻）も存在するが、仏像に比べると、その数は圧倒的に少ない。

161 絵に描いたもの　地獄変相図、いわゆる地獄極楽図を指している。

# 女について、男色について

私は寅吉に訊ねた。「山人や天狗などが住む境に、女人はいないのか」

寅吉は言った。「ほかの山のことは知りませんが、岩間山や筑波山などは、女人の入れない山であるため、決して女がいることはありません。女の汚れに触れた人が登山をすれば、怪我をさせ、突き落としたりもします」

私はまた訊ねた。「そうしたことは師自らが行うのか、寅吉などもするのか」

寅吉が答えるには、「師が自ら手を下すこともありますが、多くは師に付き従う者たちが師の命令を受けて、遠くから足をあげて蹴《け》るような様子をとり、また手を伸ばして突き落とすような様子をなせば、倒れたり、落ちたりするのです」

私は訊ねた。「山登りをする人が引き裂かれたりすることを、時々耳にすることがある。こうした激しい例もあるのか」

寅吉は答えた。「山人にも天狗にも、邪悪なものも正しいものもあります。猛烈なものも、温和なものもあります。猛烈な天狗や山人の中には、そのように激しい所業を為すものもあるのです」

また、次のようにも訊ねた。「彼《か》の境に男色《なんしょく》（——訳者注。男性どうしの同性愛）はないのか」

寅吉は答えた。「ほかの山のことは知りませんが、私のいた山などにはそうしたことは決してありません」

（原注。このことは私が自ら訊ねることができなかったので、門人の守屋稲雄に命じて、寅吉が心を許しているときにこっそりと訊ねさせたのである。

それは、世の中で天狗に誘われたというものの多くが少年であることの理由が、もしかして僧侶《そうりょ》の変身した天狗などが、僧侶であったときの悪しき性癖が治まらず、その用に伴わせる[162]のではないかと、常日頃から疑っていたためである）

162　その用に伴わせる　性欲発散のために少年をさらうこと。当時、天狗は男性、とくに少年をさらうと考えられていた。たとえば松浦静山『甲子夜話』巻四十九の四十は、天狗が尼をさらったという世間話を非常に珍しい例として載せた上で、「是まで天狗は女人は取行かぬものなるが」と記す。

# 石笛のこと

私は寅吉に、自分が持っている石笛を吹き聞かせて、これを知っているかと訊ねた。するると寅吉は言った。「単に穴が開いていて、ブウブウと鳴る石であれば、いくらでも見たことがあります。しかし、これほどに形がきちんとしていて鳴る音が麗しいものは見たことがありません」

　そう言って非常に喜んではしきりに吹き鳴らすので、これはどのようにして出来た物か知らないかと訊いたところ、長い時間つらつらと考えてから、はたと手を打って次のように言った。

「段々と思い出してきました。どこにあったものだったか、とても高い山の峰に生えた樹の根が顕《あら》わになったところに、後から差し込んだかのようにして、こうした石が付いていたのを見たことがあります。そうすると、木の根に付いた土が千年、万年かけて固まったものが、こうした石笛のようなものになるのだと思われます。

　それにしても、この石の形が非常によく備わっているところを見ると、そうではないかもしれません。石質を見るに、長い間、海に入っていた物ではないでしょうか。石というものは、もとは存在しないものであって、土が固まって出来るのだと思われます。その理由は、土が石に化《な》りかけているものが、海辺にはいくらもあるからです」

## 割れた石を接ぐ

私は寅吉に訊ねた。「この石笛を持ち帰る時、供に連れていた者がこれを取り落とし、下にあった石に打ち当たって、欠け落ちてしまうほどのひびが入ってしまったことがある。皆、ついには欠けて本体から離れてしまうと思って惜しんでいた。すると高橋安左衛門[163]という日頃から口の達者な男が、「この石はやがて欠け落ちてしまうように見えます。しかし、先生の学業が成就すれば、この瑕《きず》も癒《い》え付くのではないでしょうか」などと言った。私はこれが気にかかってしまい、どうにかしてこの瑕をなおしたいと思った。

もとは下総国海上《かいじょう》郡小浜村の八幡宮より賜った物であるから、毎朝そちらの方角に向かって「この瑕をなおし給え」と祈っていた。するとその験であろうか、瑕は癒え付いて、今は瑕にも見えないようになったので、そのことを伝えても、もとのひびを見ていない人の中には信じないものもある。このように、石のひびが癒え付くということもあるのかどうか、知ってはいないか」

寅吉は言った。「このように強い性質の石は、完全に欠け落ちさえしなければ、やがて癒え付くものです。注意深く見てみれば、この辺りにも堅石に色の異なる筋が入っているものを見つけることができます。それらはみな、自然と癒え付いたものなのです。また、石を接ぐ方法もあり、石を作る方法もあります」

私は寅吉に訊ねた。「石を接ぐ方法とはどういったものか。こちらの世界でも付くものなのか」

寅吉は言った。「なんの造作もないことです。埴土《へなつち》[164]に鉄粉を混ぜてぴったりと継ぎ合わせた上で、滝の源など水が激しく流れているところに、何かほかの物に触らないようにして半年か一年ほども置いておけば癒え付くものです。

こうしても付かない大きな瑕であれば、石全体に泥を塗って滝の流れの中に置いておけば、やがて接ぎ合うものです。滝でなくても付きます」

私は寅吉に訊ねた。「それは、彼の境の山人たちが為してこそ、付くものであろう。こちらの世界の人がした場合、いかがなものであろうか」

寅吉は言った。「こちらにても付きそうなものに思えます。お試しになってはいかがでしょうか」

163　高橋安左衛門　篤胤門人の一人。正雄、正緒、伊勢屋とも。
164　埴土　粘土のこと。

## 磁石の性

寅吉に私が持っている禹余粮壺《うよりょうつぼ》[165]を見せて「これを知っているか」と訊いたところ、「これは海辺でも山でもたびたび見る物ですが、今まで注意を払ったことがなかったため、いったい何であるのかは知りません」と言った。

そこで、「これは禹余粮壺といって自然にできた物だが、中に禹余粮といって米粒のような、土でもない何か柔らかな物があって、疫病に用いれば効果を発揮する薬なのだ」と言えば、いつもするように鼻に当てて匂いを嗅《か》ぐと、傍にいた者に「釘《くぎ》を一本下さい」と言った。

そこで釘を与えると、壺にしばらくの間、摺《す》り当てて、少し粉が落ちたところへ釘をかざして粉を吸わせ「これは磁石の気のある物です」と言った。

私が「実にその通り。この壺に清水を入れ、三十五日[166]置いて鉄漿《かね》[167]に用いればよく染まるものなのだ。それゆえ、俗に鉄漿壺とも、おはぐろ壺とも言う」と言えば、寅吉は「そうしたものもあるのでしょうね」と言って天地の妙を強く感じ、磁石の性

（――訳者注。性質）についてもっとよく知りたいようなことを言っていた。

そこで「磁石はどうした理屈によって鉄を吸うのであろうか」と問えば、寅吉は次のように答えた。

「そもそも鉄の性は物を吸い寄せるものであり、磁石というのはその性気のみが凝り固まって石と化《な》ったものでしょう。そう思う理由は、次のようなことによります。この大地の中心は鉄であって、北の方にはその気が凝った磁石山が出来ています。そのため、磁石の虫にもある同じ気が互いに応じて、磁石針は北へ向くのだと師に聞きました」

そう言って磁石針の製法はかくかくしかじかと説明する中に少しも間違ったことがないので、「山人たちの飛行にも磁石を使うことがあるのか」と訊けば、寅吉は「常に所持していて、用いることもあります。ただし日本で作った磁石針は、遠い異国に行った場合に向こうのあちこちを示すようになることがあります。これは合点がいかないことです」と言った。

そこで、「その国は非常に寒い国ではなかったか。国の風俗はどのようであったか」と訊けば、寅吉は次のように答えた。

「人のいない山上にて磁石を試みたため、国の風俗はもとより、人が住んでいたのかどうかも知りませんが、非常に寒く、昼であっても夜のごとく暗い国でした」

私はこれを聞いて考えると、万国図を出して□□□の国の辺りを指し、以下のように説明した。「お前が磁石を試したのはこの辺りではなかったか。さきほどの話は、磁石が変じたのではない。磁石はもとより北極の所だけに向かうのである。

この□□□国などは日本とは北極を中に挟んで対置の関係にあるが、彼《か》の国に行って、そこが日本の南に当たることを思うだけで、北極を隔てていることに気づかなければ、そのように考えることだろう」

すると、これを聞いた寅吉はとても喜んだのである。

165　禹余粮壺　禹余粮（太一禹余粮、太乙禹余粮とも）は、鉱物性の仙薬、生薬。中国の『抱朴子』や各種の本草書に記載される。日本では、壺状になったものをとくに壺石という。岩石や鉱物について記した博物書、木内石亭『雲根志』には樽石、岩壺、鈴石、袋石などの別名が載る。同書は享和元年（一八〇一）最終十六巻刊行。

166　三十五日　原文「五七日」。五×七＝三十五日の意。前近代の文ではたびたびこうした表記が為される。

167　鉄漿　お歯黒、かね。前近代における化粧の一種で、歯に黒い色を付けるもの。江戸期においては主として既婚女性が用いた。

# 月に穴あること

私は寅吉に訊ねた。「大空からこの国の国土を見た様子はどのようなものなのか」

寅吉は言った。「少し飛び上がってから見れば、海や川、野や山、そして人の行き交う様子までが見えて、おびただしく広く丸く見えます。もう少し上方へ上ってから見れば、段々と海川や野山の様子が見えなくなり、むらむらと薄青い網目を引き延ばしたかのように見えます。なおも上がっていくと、段々にそれが小さくなって、星のある辺りまで上ってから国土を見れば、光を放っていて、月よりはだいぶ大きく見えるものです」

私は寅吉に訊ねた。「星のあるところまで行ったということは、月の様子も見たことがあるのか」

寅吉は言った。「月の様子は近くへ寄るほどに段々と大きくなります。寒気は身を刺すように厳しく、近くへは寄り難いように思えるのを、無理をして二町（約二一八メートル）ほどに見えるところまで行って見たところ、思いのほか、暖かいものでした。

さて、まず月の光って見えるところは国土における海のようであって、泥が混じっているように見えます。俗に、兎が餅《もち》をついているというところには、二つ三つ、穴が開いています。しかし、かなり離れて見ていたため、正しいところは定かではありません」

これを聞いて私は、「月の光るところが国土における海のようであるということは、西洋人の考えた説にもあることで、確かにそのようにも思える。しかしながら、兎が餅をつくように見えるところに穴が開いているというのは心得がたいことだ。そこはこの国土でいうところの岳（山）のように思えるが」と言った。

すると寅吉は笑って言った。「あなたの説は、書物に書いてあることを以《もっ》ておっしゃるために、間違っているのです。私は書物に書かれたことは知りませんが、直接、近くに見て申しているのです。もっとも、師もあれを岳だとは言っていましたが、近寄って見れば、まさしく穴が二つ三つあって、その穴から月の後ろにある星が見えた[168]ものです。つまり、穴があるのは疑いないことなのです」

168　星が見えた　現代の天体知識からすると、一見、寅吉の言う月の穴がクレーターのようにも思える。しかし寅吉はここで、月の穴からは向こう側の星が見えたと言っている。つまり、寅吉の言う穴は月を貫通していることになる。

# 星と大地について

私は寅吉に訊ねた。「それでは、星はどのようなものだと理解しているのか」

寅吉は言った。「星は、我々の国土（――訳者注。地上）から見れば、細かいものが多く並んでいるように見えますが、大空に上ってから見れば、いつも明るいゆえに、地上から見たほどには光っては見えないものです。

空を上がるほどに、星は段々と非常に大きくなり、それらは四方・上下に何百里（一里は約三・九キロメートル）あるとも知れず、互いに遠く離れたものが夥《おびただ》しい数あります。大地（――訳者注。地球のことか）もその中に交じって、どれがそれとも見分けがたくなります。

ここでよく分からないのは、星がいかなるものなのか見てみたいと師に言ったところ、見せてやろうと言われてこの地上から見てとくに大きく見える星を目指して空へ上がりましたが、近くに寄るほどに、大きくぼうっとした気に見え、その中を通り抜けたことがあります。

通り抜けてから遠く先のほうへ行き、振り返って見れば、もとのような星の形をしていました。そうすると、星というのは気の凝り固まったものかと思われます（原注。また、俗にいう銀漢《あまのがわ》というものは、ただ白くおぼろおぼろとして見えて、少し水気があってその中に非常に小さな星がたくさん見えるものである）」

私はまたこの説に納得がいかず、ちょうどその席に佐藤信淵もいたので、「あなたは天地間の理《ことわり》[169]に詳しいのだから、このことについて説明してはもらえないだろうか」と言った。

すると佐藤が述べることには、「星の実体というのは、その質（成分）がこの地球[170]と同じもので、重濁の物が凝結[171]したものです。そうすると、すり抜けることができないのは、地球をすり抜けて通れないのと同じことです。

また星が光り輝くのも、自らそれを発しているためではなく、日輪（太陽）の遍照（――訳者注。遍《あまね》く照らす光）を受けて光っているのです。しかしながら、その成分が地球と同じ物であることを以て、地球になぞらえてこれを考究するに、地球は太陽がすでに没した後も、地平下十八度のところに至るまでの間は地上にまだ薄明（――訳者注。淡い光）が残っています。

未《いま》だ太陽が出《いで》ざるときも、地平下十八度のところに至れば、地上はすでに光を発しています。この理は、大地球の外、おおよそ五、六百里（約二〇〇〇―二四〇〇キロメートル）位まではいわゆる風際であって、風際はことごとく半水半気であるがゆえに、その水気に太陽の光を被ることによって、光輝が発するのです。これを以て考えますと、太陽の出る前と沈んだ後には、およそ五刻（約十時間）程度は薄明があることになります。

こうしてさらに考えますと、大地を隔たること数万里の暗いところからこれを振り返って見れば、地球もまたひとつの明星であることが分かります。かの諸々《もろもろ》の星もまた、大地と質をひとしくする物ですから、これもまた地球のごとく、星外の周囲に数百里の半水部分があって、太陽の光を受けて光輝を発するものであれば、寅吉はきっと、師に連れられて、その半水部分を通行したのでしょう。

しかしながら、大虚空中、すべて太陽の光が当たる以上、星を見るのは不可能です。たとえ、これをよく見ることができても、白昼の月の如くであって、遠くから見れば星だと分かっても、近づくに及んで、我らが大地と異なることなく、その光を見ることは叶わないでしょう。

全ての星は暗夜でなければ、その光を現すことがありません。我らが大地の暗夜は地上から見れば広大なようですが、空からこれを見れば、地影の及ぶところは僅《わず》かに月輪のあるところに届くに過ぎません。山人たちがもし、大地を飛び去って星のある辺りへ至ろうとするのであれば、いずれの場所も白昼であって、我らが大地といえども、その所在が分からなくなることでしょう。

近くにあっては金星か、あるいは水星、火星などが、日陰にある暗夜のところに至るに及んで、はじめて地球という星の光輝および、その他の星々をも見ることができるだけなのです。そうすると、星の実体をすり抜けるというのは、理（――訳者注。天地間の理）において信じがたいものです。

ただし寅吉の言うことは、全て真実で嘘を含まず、道理に符合しないことは一切ないのですから、この説においても、嘘だとしてそしることはできません。必ず、金星、水星、火星などが日陰なる暗夜のところに至って、その蒙気《もうき》を通り過ぎたのを、星の実体をすり抜けたのだと思い、また、そこから地球が星々と同じく光るのを見たのではないでしょうか。

またもしくは、『列子』にある、いわゆる西極の幻人[172]のように、杉山山人の神通力が広大なものであって、実際に星に入っても遮られなかったものでしょうか。これもまた、私のような学問をしている者の知り得ることができない領域です」

さらに、次のように寅吉に訊ねた。「大虚空は、いつも明るいのに、星が光って見えることはない。どういうことか」

寅吉は言った。「この地上から、昼は星を見ることができないことをもって、そう疑いなさるのでしょうが、（原注。以下欠）」

また、次のようにも訊ねた。「太陽はどのような成分かということを、知っているか」

寅吉は言った。「太陽は近くに寄ろうとすると、焼けるようで寄ることができません。しかし、日眼鏡で見るとずっとよく見えるところまで上ってから見たところ、炎々たる中に、雷のようにひらめき飛んで暗く見えるために、どのような成分ということは分かりかねます。

しかし、何かひとつの物から炎が燃え出でて[173]いるように見えます。また、試みに手火を灯《とも》してみたところ、太陽の近くにおいては、さらに光がなくなり、見ているうちに火炎が次第次第に太陽に吸い寄せられるがごとく、たちまちに上っていくものでした。またそのところでは太陽を半月のように見ることも多く、小さく見えるところもありました。

夜国のことをホックのチウ[174]といいます。太陽は団子のような大きさに見えました。太陽の見えない国もあります。そこでは、地上にいくつも穴を掘って光らせます。その国の人々の鼻は高く、口は大きく、親指が二本あります」(原注。鍈胤[175]が言うことには、「ホックのチウ」とは、「北国(北極か)の中」という意味ではないか、とのこと。どうであろうか)

私は寅吉に訊ねた。「日月(太陽・月)ともに、神々の住み給う国[176]だという説を、山人たちから聞いたことはないか」

寅吉は言った。「そうした説を聞いたことはありません」

---

169 天地間の理　当時の世界認識における、天上と地上を司る法則。現代で言うところの自然科学に近い観念として捉えられよう。

170 地球　この部分、原文も「地球」。

171 重濁の物が凝結　文化十年(一八一三)刊、篤胤『霊の真柱』(たまのみはしら)でも、「夜見国の質」が「重く濁れる質」だという説が展開される。そこでの「夜見国」(黄泉国)は月と同一視されている。

172 西極の幻人　『列子』(周穆王)に載る、西方の果ての国にいるという幻術師のこと。

173 炎が燃え出でて　現代の知識からすると太陽フレアに似ているようにも思える。しかし、太陽フレアの初観測は一八五九年、英の天文学者キャリントンによる。

174 ホックのチウ　別の個所では「ホックのヂウ」とある。鍈胤の説とあわせて考えると、現代的な表記では「ホックのジュウ」になる可能性が高い。しかし、読み方が定かでないため、原文のままとした。

175 銕胤 原文「銕」。平田銕胤（かねたね）。一七九九—一八八〇。篤胤の門人だった碧川篤眞（みどりかわあつま）は篤胤の娘・千枝と結婚して養嗣子となり、平田銕胤を名乗った。銕胤は篤胤の没後、その後継者として門人たちを率いることになる。

176 神々の住み給う国 篤胤は『霊の真柱』において、本居宣長『古事記伝』巻一七の付録であった服部中庸『三大考』の説を踏まえた上で、日（太陽）が高天原、月が黄泉国に相当するという説を展開している。

# 妖怪「雷獣」

私は寅吉に訊ねた。「雷獣[177]といって、雷が鳴る時に雲の中を駆け巡り、雷と一緒に落ちてくる獣がある。この物を知っているか」

寅吉は言った。「その獣は日光《にっこう》、大山《おおやま》、筑波山そのほかの山々に住んでいて、毛色は虎毛のもの、貉《むじな》のようなもの、黒いものがあり、また稀《まれ》に白いものもあります。その性格は猛々《たけだけ》しく荒っぽいものですが、どういう理由によるのか炎天の雲を好み、雷鳴に乗じて雲の中を飛行し、雷の落ちる勢いに合わせて飛ぶのに失敗すると、雷と一緒に落ちてくるもののようです。

高い所に登って見れば、雲も雷も、どちらも下に見えるため、雷の鳴る様子や、また雷獣の飛行する様子も見えて、面白いものです。白い雷獣の落ちたところに、雷屎《らいし》（――訳者注。雷の糞《ふん》）というものがあります。これが一体、何であるかは分かりません」

177 雷獣　雷とともに地上へ落ちてくると考えられていた想像上の生物。天保十二年（一八四一）刊、桃山人作・竹原春泉画『絵本百物語』の「かみなり」には、筑波の山中に雷獣がいると記される。

# 通り物、竜のこと

私は寅吉に訊ねた。「竜をみたことはあるか」

寅吉は言った。「通り物[178]などと呼ばれる程の大竜の正体を、そのままに見たことはありません。濃い黒雲が長くなった形で、火が燃え出て太い尾を下げたような姿は、たびたび見たことがあります。これも高い所から見たもので、世には竜が天上するというけれども、雲のない大空まで昇っていくのを見たことはありません。

あちらの世界にいた時、危ない目にあったことがあります。それというのも、とある川の端で小石を拾って遊んでいたところ、蝮《まむし》よりは小さくて腹の赤い子蛇が、どこからか出てきて私の指を舐《な》めてきたのです。これはどういうことだろう、とても怪しいことだと思ってしばらく見ていると、だんだんと指を飲み込んで川に引きずり込もうとしました。

憎くなって頭を捕まえ、両手でその口を引き裂いて川に投げ入れたところ、突然、波が逆立って水を巻き上げると、雨が降ってきて恐ろしい状態になりました。足早に逃げ帰ってその様子を語れば、人々は、それは竜だと言いました。

これに関わることで、どこかは知りませんが遠い外国に行った時のことです。田や谷間などに、大きいものは二尺（約六〇センチメートル）ばかり、小さなものは蜥蜴《とかげ》くらいで、角はないが絵に描かれた竜のようなものがいました。ちょろちょろと這《は》っていて、数多くいました。

何かを探している様子で、前足で土を搔《か》き散らすようにすると、そこから豆粒ほどの大きさの白い玉のようなものが出てきました。その物は割れて霧となり、たちまちに暗くなったので、気味が悪くてそこを立ち去ったのですが、これが何というものかは知りません」

178　通り物　通り悪魔、通り魔とも。人に取り憑いて悩ませる妖怪。ここでは大竜を指す名称として使われているようである。

# 口寄せ巫女と犬神使い

私は寅吉に訊ねた。「口寄せ[179]、いちこ[180]（市子）というものの業はどういうものか」

寅吉は言った。「あれは犬神法[181]という邪法です。私が山にいた時、同門の友二人に誘われて見回りをしていると、ある家にていちこを招き、老若男女が四、五十人集まって口寄せを依頼し、色々と訊ねては泣いていました。

私たち三人がその辺りにいて見ていると、いちこの腰元に、何やら大切にしている様子の箱があるので、私はそれを見たいものだと言いました。すると、わざと喧嘩《けんか》を起こしてその騒ぎに乗じて箱を壊し、中を見てやろうということになりました。

そして喧嘩を起こさせると、互いに殴り合い、つかみ合いする騒動の内に、その箱を踏み砕きました。その時、箱の中から犬の頭骨が転がり出し、その下顎《あご》を踏み折りました。

さて、喧嘩が鎮まった後、家の亭主がその頭骨を見つけると、どうしてこんな汚い物がここにあるんだと言って、外に蹴飛ばしました。その時、いちこが泣くさまは甚だしいものでした。喧嘩を恐れて泣いていた爺婆《じじばば》は逃げ出し、若い者たちも泣いていましたが、つかみあってこの場を壊した様子はまことに面白いものでした」

　この後、私が「いちこが犬の頭を持っているのはどうした理由からか」と訊ねると、次のように答えた。

「その法は犬神法というものです。白くて大きく、しかも非常に強い犬を捕まえてから、土に穴を掘り、その頭だけを出して埋めます。そして、鼻先から三尺（約九〇センチメートル）ばかり離したところに飯や魚などを多く積んでおいて、匂いを嗅《か》がせます。

　しきりに食いたがるのを食わせずに数日置けば、犬の体の気力は全て頭に上り、眼や鼻から血を流しているのを見届けてから、「私に仕えてよく物事を教えてくれれば神として祀《まつ》り、日々こうした食べ物を与えてやろう」と言い含めておき、その頭を切り落とします。

　人にはこのことを知らせず、四つ辻《つじ》に埋めて、百日余り人に踏ませてから掘り出し、箱に封じて毎日これを祀れば、口寄せのときに犬の霊が人々の家に行ってその様子を嗅ぎ出して告げてくれるため、いちこが霊の言葉を口走ると聞いている人はしきりに悲しくなり、いわゆる信仰の様相となって泣くのだと聞いています。泣くことは天下の大きな不吉にもかかわらず、いちこというものはとかく人を泣かすものですから、まことに不吉なものです」

私は寅吉に訊ねた。「犬神法は天竺《てんじく》（インド）の呪法《じゅほう》か、この国（日本）の法か。どこの誰が始めたことなのだろうか。また、四国にも犬神遣いというものがあるようだが、同じ法と考えてよいのだろうか」

寅吉は言った。「犬神法については、もともと、どこの呪法だということや、誰が始めたのかなどについても聞いたことがありません。四国の例も、犬神遣いとはいうものの、オオサキ狐[182]というものを使うと聞いています」

179　口寄せ　民間の宗教者である口寄せ巫女が、自らの体に神・死霊・生霊などを憑依させてその言葉を代弁すること。ここでは、依頼者がイチコに死者の霊の憑依を頼んでいるようである。

180　いちこ　口寄せ巫女を示す一般的な名称。江戸期にはイチコのほかにも、モリコ・アズサ・ワカ・ササバタキ等々の名称で呼ばれる口寄せ巫女が日本各地にいた。

181　犬神法　犬神とは、人にとり憑いてその命令に従う犬の霊。また、それを用いた呪術。犬神を使う宗教者は文芸作品や巷説（世間話）において「犬神使い」と呼ばれていた。

182　オオサキ狐　オサキ・オサキギツネとも。人に使役されるという霊的な狐の一種。

## ダキニ、イズナのこと

私は寅吉に訊ねた。「お前の師は不動法、陀祇尼天法《だきにてんほう》、聖天法《しょうてんほう》、摩利支天法《まりしてんほう》、飯綱《いずな》法など、そのほか仏道より出た色々の法を修せられることはないのか」

寅吉は言った。「師もそうしたものに含まれる法を修することがあります。しかし実は、これらは実際には存在しないものに名前を付けて、観音、不動、摩利支天などと称しているものであり、こころよいものではない法なのです。まして陀祇尼天、飯綱、聖天などの法は、天狗、狐、妖魔の類を祀って使役する法なので、実は行うべきことではないと、常に示されたものでした」

私は訊ねた。「実は行うべきことではないと示しつつ、師もこうした法などを修せられるということは、心得難いことである」

すると寅吉は怒ったように顔色を変えて言った。「陀祇尼天法、飯綱法などは狐や天狗などを使役する法ゆえに、我が師などは修することがありません。ただ、聖天法は時々行われることがあります。その理由は、聖天は世の障礙《しょうげ》をなすものであるが故に別名を障礙神ともいう妖魔の首領であり、それに障礙をさせないために聖天法を修するのです。世の中の修験者《しゅげんじゃ》などが自らの利のために行う呪法とは、わけが違うのです。

師の本来の行とは、ひとえに善いことをおさめ、天下泰平、万民繁栄を祈り、ついにはまことの神となる行であり、それゆえに神道を中心に立てているのです。

しかしながら世と同じように仏道より出てきた法をも修して、両部（――訳者注。神道と仏道）を用いています。神棚のほかにいわゆる須弥壇《しゅみだん》をも構えて仏法に沿った祈りをしても、世の中にも自らの行にも問題はないということでした。

しかし、世の人々はこの国の神ではない、かようのもの（――訳者注。仏教の諸尊）を多く信仰しては、それを専らに祈って祀るために、神を粗末にすることが始まってしまい、神には霊妙な力がないようになったのだと、折々おっしゃっていました」

# 疫病神、火車

私は寅吉に訊ねた。「瘧神《おこりがみ》、疫病神、貧乏神、疱瘡《ほうそう》神、首絞神、火車《かしゃ》[183]などという様々なものがあって、世の人に災いを蒙《こうむ》らせている。これらがどのようにして出てきたものなのか、師に聞いたことはないか」

寅吉は言った。「これらはみな、人の霊が成ったものです。世にあった時から心のおさめ方のよろしくなかった者が、その群れ群れの中に入ってしまうということなのです。妖魔は言うに及ばず、こうした鬼物どもは全て、世の人を一人でも多く自分たちの群れに引き入れて同類を増やそうと、各々が一瞬の隙もなく窺《うかが》っているのです。

それについても、人はいささかも曲がったことを思わないようにすべきものです。たとえ徳行（——訳者注。徳のある行い）をする善人であっても、時折はよこしまに曲がった心を持つものです。すると日頃の徳行も水の泡と消えてしまい、その悪念は消えることなく、やがては妖魔に引き込まれる機縁になるものだ、ということです。

このことを思うとき、気の毒なのは極楽へ行こう行こうと思っている人々です。彼らはいざ死んでみると極楽が存在しないために、うろたえることになります。そのうちに悪魔や、そのほかの妖物に目を眩《くら》まされて、心ならずもその仲間に引き入れられてしまいます。まことにあわれなことです」

183　火車　地獄に落ちた亡者を乗せて引き回す火の車および、それを曳く獄卒。また、この世に現れて人の死体をさらうと考えられることもあった。

# 学問について

寅吉は言った。「全て学問というものは、魔道に引き込まれる原因にして、まずはよろしくないことです。その理由は、本当は学問することほどよいものはないのですが、まことの道理の極みまでに学び至る人はなく、大概は生学問[184]をすることになるからです。

書物を沢山知っていることを鼻にかけて、書物を知らない人のことを見下し、神はなきものじゃの、仙人天狗はなきものじゃの、怪しきことはないの、さようの道理はないことじゃ、などと言って自説を主張しますが、これはみな生学問《なまがくもん》が生んだ高慢にて、心の狭さゆえのものです。

書物に記してあることにも、直接に見ると違っていることは幾らでもあります。大体、高慢な人は心が狭くて、ついには悪魔・天狗に引き込まれて責め苛《さいな》まれることになるのです。

あちらの世界で聞いた小咄《こばなし》ですが、何とかいう名前の大鳥が、自分ほど大きなものはいないだろうと思って出かけ、飛びくたびれたので下界に見える穴に入って羽を休めていました。するとその穴がくしゃみをして、「おれの鼻に入って休むのはどこのどいつだ」と言われたので、肝を潰《つぶ》したということです。

　そもそも人ほど貴いものはないのですが、自分より下を見れば、段々と卑しく劣った者が、幾百段と控えています。顕微鏡[185]で見ても分かることです。蝿は小さいものだと思っていると、蝿に羽虫がたかっています。するとその羽虫に、また羽虫がたかっているかも知れません。

　かくの如く、上にもまた段々に幾百段か、尊く優れた者がいることでしょう。この天地も何もかもが、何とかいう神の腹の中にあるのかも知れません。これもまた、人の腹の中に色々な虫がいるのをもって知るべきことです。

　すなわち高慢な物言いというものは、大空がどこに留《とど》まるということまでを知って、それを自由にする程の器量がなくては言えないことなのです。全てにおいて、慢心や高ぶりほどよくないことはありません。それが、魔道に引き入れられる機縁になるためです。

---

184 生学問　生かじりで未熟な学問。

185　顕微鏡　一七五〇年頃には日本に輸入されていたという。後藤梨春『紅毛談』（一七六五）、森島中良『紅毛雑話』（一七八七）等によって広く知られるようになった。

# 魔道に入りやすき人

それゆえに、顔の美しい人、諸芸の達人、金持ち、長者なども慢心やおごりの心があるため、多くは魔道に入ります。坊主[186]は大方、卑しい身分から出てきて、位が高くなって人から敬われるために、皆が高ぶりの心を持ってしまい、大抵は魔道に入ります。

とくに、金持ちが、持てる上にも欲深く金を集めて、世のために使うことをしないのは、神の憎み給うことと聞いています。金持ちが一か所に金を集めるゆえに、貧乏人が多くなる。

世の人がそれぞれに暑からず寒からず、食べて着て住めるほどに用意をして、欲を深くしなければ世の中は平らかになるものです。金持ちが金を集めて我が物と思っていても、よくよく考えれば、自分の物とては何もなく、ことごとく天下様の物なのです。

金銀も天下様から与えられ、通用している世の宝。そのほか食物も着物も、天下様の治める地の上に出てきた物です。家も天下様の地にあり、その身さえもが天下様の地に生まれた天下様の御人であれば、もう我が身とは言えないでしょう。

金銀やら何やらをたくさん持っていても、死ぬときには持っていけません。それなのに、そのことを弁《わきま》えず、欲を深くして物持ち金持ちになりたがる人は、死んでもそうした心が失《う》せることなく、人の物を集めて欲しがる鬼物となってしまうといいます。それがやがて、魔道に入ってしまうのです」

186 坊主　寅吉は一貫して仏道と僧侶とを嫌って神祇の下位に置いており、それが篤胤との対話における共通項ともなっていた。ところが『仙境異聞』後の寅吉（嘉津間）の消息を示す篤胤の『気吹舎（いぶきのや）日記』文政十一年七月の記事によれば、どのような事情によるものか、寅吉は出家して僧侶になるのである。その後は下総国香取郡で医者として生活していたという。

# 天狗《てんぐ》にさらわれた少年《しょうねん》
# 抄訳《しょうやく》仙境《せんきょう》異聞《いぶん》

平田篤胤《ひらたあつたね》　今井秀和《いまいひでかず》＝訳・解説

平成30年 12月25日　初版発行

発行者●郡司 聡

発行●株式会社KADOKAWA
〒102-8177　東京都千代田区富士見2-13-3
電話　0570-002-301（ナビダイヤル）

角川文庫 21375

印刷所●株式会社暁印刷
製本所●株式会社ビルディング・ブックセンター

表紙画●和田三造


ISBN 978-4-04-400426-2　C0139

◇◇◇

# 角川文庫発刊に際して

角　川　源　義

第二次世界大戦の敗北は、軍事力の敗北であった以上に、私たちの若い文化力の敗退であった。私たちの文化が戦争に対して如何に無力であり、単なるあだ花に過ぎなかったかを、私たちは身を以て体験し痛感した。西洋近代文化の摂取にとって、明治以後八十年の歳月は決して短かすぎたとは言えない。にもかかわらず、近代文化の伝統を確立し、自由な批判と柔軟な良識に富む文化層として自らを形成することに私たちは失敗して来た。そしてこれは、各層への文化の普及滲透を任務とする出版人の責任でもあった。

一九四五年以来、私たちは再び振出しに戻り、第一歩から踏み出すことを余儀なくされた。これは大きな不幸ではあるが、反面、これまでの混沌・未熟・歪曲の中にあった我が国の文化に秩序と確たる基礎を齎らすためには絶好の機会でもある。角川書店は、このような祖国の文化的危機にあたり、微力をも顧みず再建の礎石たるべき抱負と決意とをもって出発したが、ここに創立以来の念願を果すべく角川文庫を発刊する。これまで刊行されたあらゆる全集叢書文庫類の長所と短所とを検討し、古今東西の不朽の典籍を、良心的編集のもとに、廉価に、そして書架にふさわしい美本として、多くのひとびとに提供しようとする。しかし私たちは徒らに百科全書的な知識のジレッタントを作ることを目的とせず、あくまで祖国の文化に秩序と再建への道を示し、この文庫を角川書店の栄ある事業として、今後永久に継続発展せしめ、学芸と教養との殿堂として大成せんことを期したい。多くの読書子の愛情ある忠言と支持とによって、この希望と抱負とを完遂せしめられんことを願う。

一九四九年五月三日

# 角川ソフィア文庫ベストセラー

## 神隠しと日本人
小松和彦

「神隠し」とは人を隠し、神を現し、人間世界の現実を隠し、異界を顕すヴェールである。異界研究の第一人者が「神隠し」をめぐる民話や伝承を探訪。迷信でも事実でもない、日本特有の死の文化を解き明かす。

## 妖怪文化入門
小松和彦

河童・鬼・天狗・山姥――。妖怪はなぜ絵巻や物語に描かれ、どのように再生産され続けたのか。豊かな妖怪文化を築いてきた日本人の想像力と精神性を明らかにする、妖怪・怪異研究の第一人者初めての入門書。

## 呪いと日本人
小松和彦

日本人にとって「呪い」とは何だったのか。それは現代に生きる私たちの心性にいかに継承され、どのように投影されているのか――。呪いを生み出す人間の「心性」に迫る、もう一つの日本精神史。

## 異界と日本人
小松和彦

古来、日本人は未知のものに対する恐れを異界の物語に託してきた。酒呑童子伝説、浦嶋伝説、七夕伝説、義経の「虎の巻」など、さまざまな異界の物語を絵巻から読み解き、日本人の隠された精神生活に迫る。

## 新版 遠野物語
付・遠野物語拾遺
柳田国男

雪女や河童の話、正月行事や狼たちの生態――。遠野郷（岩手県）には、怪異や伝説、古くからの習俗が、なぜかたくさん眠っていた。日本の原風景を描く日本民俗学の金字塔。年譜・索引・地図付き。

# 角川ソフィア文庫ベストセラー

## 日本の昔話　柳田国男

「藁しび長者」「狐の恩返し」など日本各地に伝わる昔話106篇を美しい日本語で綴った名著。「むかしむかしあるところに――」からはじまる誰もが聞きなれた昔話の世界に日本人の心の原風景が見えてくる。

## 日本の伝説　柳田国男

伝説はどのようにして日本に芽生え、育ってきたのか。「咳のおば様」「片目の魚」「山の背くらべ」「伝説と児童」ほか、柳田の貴重な伝説研究の成果をまとめた入門書。名著『日本の昔話』の姉妹編。

## 日本の祭　柳田国男

古来伝承されてきた神事である祭りの歴史を「祭から祭礼へ」「物忌みと精進」「参詣と参拝」等に分類し解説。近代日本が置き去りにしてきた日本の伝統的な信仰生活を、民俗学の立場から次代を担う若者に説く。

## 毎日の言葉　柳田国男

普段遣いの言葉の成り立ちや変遷を、豊富な知識と多くの方言を引き合いに出しながら語る。なんにでも「お」を付けたり、二言目にはスミマセンという風潮などへの考察は今でも興味深く役立つ。

## 先祖の話　柳田国男

人は死ねば子孫の供養や祀りをうけて祖霊へと昇華し、山々から家の繁栄を見守り、盆や正月にのみ交流する――膨大な民俗伝承の研究をもとに、古くから日本人に通底している霊魂観や死生観を見いだす。